VIRGINIE

DÉJAZET.

Paris.—Typ. MORRIS et Comp. rue Amelot 64.

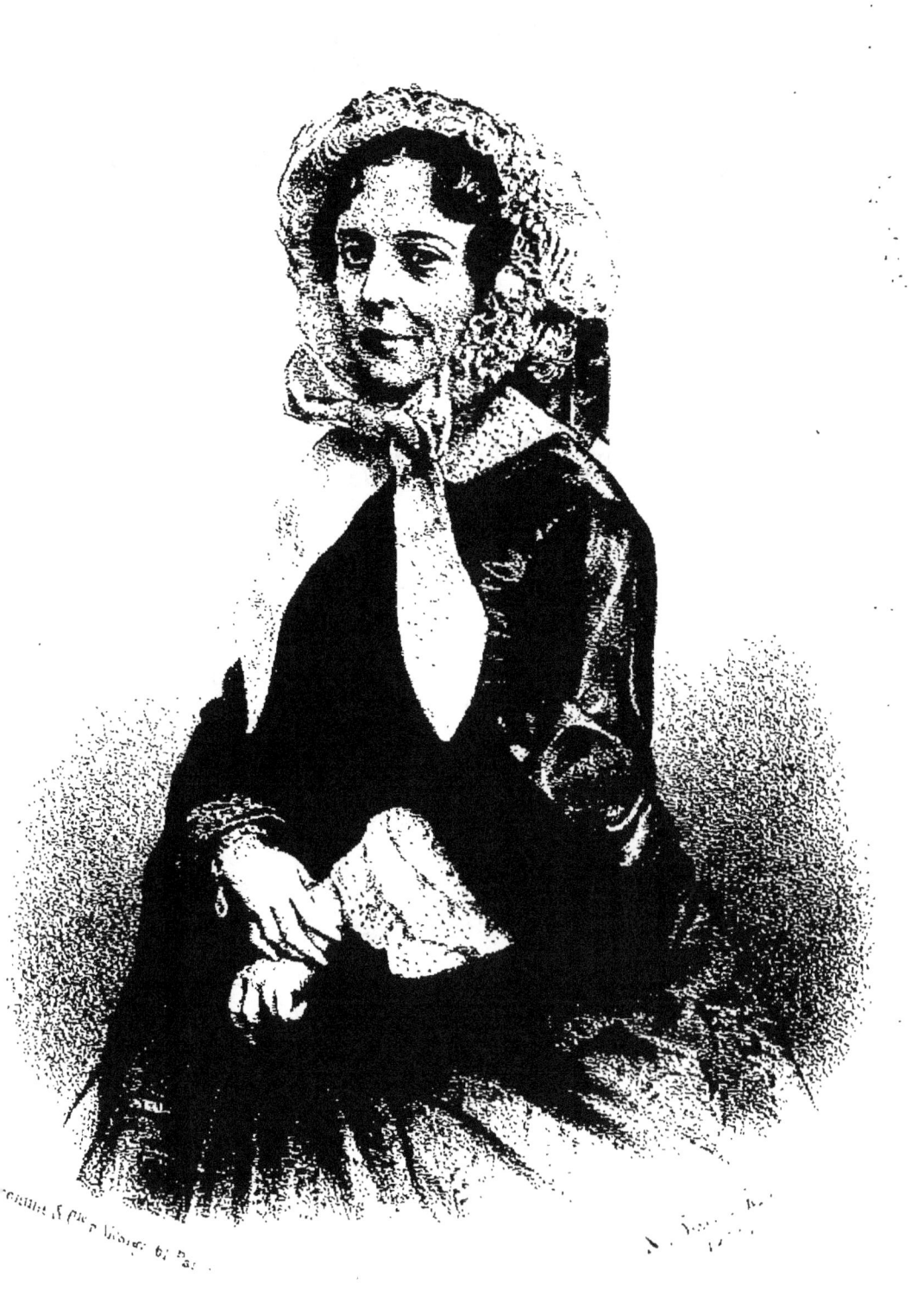

VIRGINIE DÉJAZET.

VIRGINIE DÉJAZET

PAR

EUGÈNE PIERRON

ÉDITION ORNÉE D'UN PORTRAIT ET D'UN FAC-SIMILE

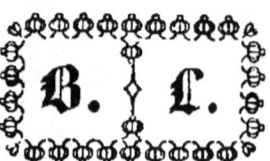

PARIS
BOLLE-LASALLE, ÉDITEUR
Boulevart Montmartre 22.

1856

VIRGINIE
DÉJAZET

PAR

EUGÈNE PIERRON

—◦✤◦—

ÉDITION ORNÉE D'UN PORTRAIT ET D'UN FAC-SIMILE

PARIS

BOLLE-LASALLE, ÉDITEUR

Boulevart Montmartre 22.

—

1856

A Monsieur

LE BARON I. TAYLOR

PRÉSIDENT-FONDATEUR

de l'Association des Artistes dramatiques.

Permettez-moi, Monsieur le Baron, de dédier ce livre au protecteur et à l'ami sincère des Artistes Dramatiques, à celui qui les aime comme un véritable père, qui consacre sa vie à défendre leurs intérêts, à leur créer un avenir, et qui vient encore de travailler aujourd'hui à mettre leur vieillesse à l'abri de la misère.

Puisse l'indulgente bonté de Monsieur le Baron accueillir favorablement ce bien faible hommage de mon respectueux dévouement et de ma haute estime.

EUGÈNE PIERRON.

Paris, dimanche 12 août 1855.

CHAPITRE I

Le théâtre des Capucines. — Prédiction de M. Hurpy. — Le Corps de garde dans le théâtre.

VIRGINIE DÉJAZET

CHAPITRE I

Le théâtre des Capucines. — Prédiction de M. Hurpy.
— Le Corps de garde dans le théâtre.

Il est un nom justement célèbre parmi les noms les plus célèbres des comédiennes de ce siècle, un nom véritablement populaire et qui mérite à tous égards l'immense et brillante réputation dont il jouit, ce nom est celui de *Déjazet*.

Cette aimable actrice ne compte parmi les critiques que des adorateurs, et dans le public que des enthousiastes, des amis. Constater cette sympathie universelle que Déjazet inspire, c'est faire l'éloge du goût des critiques et du public.

Le talent de Déjazet est original et créateur. La vérité *vraie*, le naturel, l'esprit, la grâce et le *charme*, ce don suprême, le charme, cette puissance magique, cet aimant qui attire les cœurs, qui commande l'attention; le charme, qui n'est pas toujours la beauté, mais qui vaut cent fois mieux que la beauté; le charme, qu'on ne peut définir, qu'on ne peut acquérir, cette flamme divine qui illumine la physionomie des grands artistes en leur donnant ce je ne sais quoi qui est la séduction, la grâce, l'irrésistibilité..... Déjazet a tout cela.

Pauline-Virginie Déjazet est née à Paris, rue Saint-Lazare, le 30 août 1797. Elle n'avait que cinq ans lorsqu'elle débuta sur le théâtre des Capucines. Ce théâtre, comme on sait, était situé près la place Vendôme, avant que la rue de la Paix existât, quand un magnifique jardin ombrageait de ses arbres séculaires l'antique couvent des Capucines, dont il ne reste plus vestige aujourd'hui: couvent, jardin, théâtre, tout a disparu.

CHAPITRE I.

M. Hurpy fut le premier directeur de Déjazet. C'était un brave et digne homme, qui avait la prétention de se connaître en artistes : aussi prédisait-il à la petite Virginie un immense succès *comme danseuse*. Selon lui, elle était appelée à briller à l'Opéra au premier rang. Jamais, disait-il, il n'avait vu jambe mieux faite, pied plus mignon, taille mieux prise, minois plus gracieux, plus agaçant. Tout le monde est encore aujourd'hui de son avis. Seulement, au lieu d'être une célèbre danseuse, Virginie Déjazet est une célèbre comédienne. Mais alors, disons-le, il était permis de se tromper sur son avenir. Thérèse Déjazet, qui faisait partie du corps de ballet de l'Opéra, voulait que Virginie, sa jeune sœur, suivît la même carrière : aussi lui donnait-elle des leçons et lui en faisait-elle donner par Gardel, son professeur, un des premiers chorégraphes de ce temps-là.

Virginie travaillait avec tant d'ardeur, que sa sœur Thérèse craignit qu'elle ne se fatiguât trop ; et, pour maîtriser la fougue impétueuse de l'enfant, autant que pour lui ouvrir une autre carrière dans le cas où la danse viendrait à fatiguer sa poitrine délicate, elle chercha à lui inspirer le goût de la comédie, et lui présenta si adroitement ce nouveau travail, que Virginie le regardait comme une récompense du premier. Quand, le matin, M. Gardel était satisfait de son élève, quand la leçon de danse avait été bonne, Thérèse apprenait à la petite Virginie quelques lignes de *Fanchon toute seule*, vaudeville en un acte de M. Ponnet. Et la petite Virginie était heureuse pour tout le jour. On ne savait plus si elle dansait par amour pour la danse ou par amour pour la comédie, cette douce récompense qu'enfant elle préférait à tous ses joujoux. Femme, elle la préfère encore à tous les plaisirs.

Virginie Déjazet débuta donc en qualité d'*actrice première danseuse* sur le théâtre des Capucines. Le jour de son début, elle obtint un immense succès; on lui jeta des dragées, des oranges, des bonbons, des gâteaux. Aussi se dit-elle à elle-même après la pièce : — « Ah! quel malheur !.. c'est déjà fini !... Eh bien, la prochaine fois que je danserai, je sais bien ce que je ferai : je n'irai pas si vite, pour que ça dure plus longtemps. »

Ces quelques mots ne révèlent-ils pas déjà un vif amour du théâtre ?... On voit que Déjazet, dès le berceau, fut habituée aux ovations, aux succès. Elle y était sensible, et le public la traitait en enfant gâtée...

Le soir de la seconde représentation, Virginie alla en effet plus doucement, trop doucement, si doucement, qu'elle n'alla plus du tout. Arrivée devant la rampe, elle ne bouge pas ; le chef d'orchestre recommence la ritournelle, pas un mouvement ; le régisseur lui crie de la coulisse :

— Allez donc, petite, ou vous aurez le fouet !

Toujours même immobilité. Et le public riait, et Virginie riait avec lui, mais elle ne dansait point. Bref, on ne put achever la pièce, il fallut baisser le rideau. Le directeur l'interrogea, elle ne répondit rien. Sa mère la pressa de questions, pas un mot. De retour au logis, on raconta à la grande sœur Thérèse ce qui s'était passé. Thérèse, malgré ses gros yeux et ses grandes dents (c'était la madame Barbe-Bleue de la famille), ne put obtenir aucune explication.

Il fallut bien renoncer à connaître la cause de cette singularité ; on mit cet événement sur le compte d'une absence ou d'une mauvaise disposition, et il n'en fut plus question jusqu'au lendemain.

Le lendemain arrivé, le directeur, craignant pour la santé de sa jeune pensionnaire et plus encore pour sa recette (car Virginie faisait déjà recette), M. Hurpy vint en personne savoir des nouvelles de son premier sujet. Il trouva sa jeune actrice en tête-à-tête avec une énorme tartine de confitures, qu'elle dévorait tout en fredonnant l'air de *Malbrough*, très en vogue en ce moment-là ; il se garda bien de la gronder, de peur de l'effrayer, et tranquillisé sur l'état de Virginie, il retourna à son théâtre donner ordre de poser les affiches qui annonçaient le même spectacle. Virginie alla donc le soir au théâtre ; elle était d'une humeur charmante ; tout semblait annoncer que l'accident de la veille n'aurait pas de suite. La salle était comble. La pièce commence. On se racontait de tous côtés l'aventure de la petite Virginie, et tout le monde attendait le pas qu'elle dansait avec une vive impatience. Enfin le moment du fameux pas arrive. Virginie paraît, l'orchestre joue la ritournelle, et Virginie reste immobile comme la veille. Les applaudissements retentissent de tous les côtés de la salle, dans le but sans doute d'encourager l'enfant, que le public croyait intimidée. Mais le public se trompe, l'enfant n'a point peur; au contraire, elle promène avec assurance son regard sur tous les spectateurs ébahis, qui la dévorent des yeux ; elle leur sourit malicieusement, mais elle ne danse pas. La grande sœur, exaspérée de la conduite de Virginie, s'emporte, s'oublie jusqu'à entrer en scène, secoue violemment le bras de l'enfant, va même jusqu'à la corriger ; le public est témoin de la correction, il s'indigne, il rappelle Virginie, que madame *Barbe-Bleue* veut entraîner. Un monsieur de l'orchestre saute sur la scène, prend Virginie et l'emporte dans la salle, où chacun se l'arrache, l'embrasse et la console. Virginie trouve encore un sourire à travers ses larmes pour remercier son protecteur et ses nombreux amis. Mais le commissaire de police s'empare de la jeune artiste. Rassurez-vous, il ne la mène point au violon, il la conduit près de sa mère, inquiète, désolée, qui voit l'avenir de sa fille perdu, qui la croit malade, atteinte subitement d'aliénation mentale. On fait vite demander un médecin, il accourt. Il trouve l'enfant calme, raisonnable; il l'interroge :

— Pourquoi, chère petite, ne dansez-vous donc plus le soir?...

— Je ne sais.

— Est-ce que le public vous fait peur?

— Non.

— Mais enfin pourquoi?

— Quand le moment arrive, je ne me souviens plus.

— Mensonge! s'écrie madame Barbe-Bleue.

— Eh bien, répétez devant moi votre pas, voulez-vous, mon enfant?

— Oui, monsieur.

La grande sœur prit sa pochette, et Virginie exécuta son pas d'un bout à l'autre, sans oublier le plus simple jeté-battu, le plus insignifiant rond de jambe.

— Vous voyez bien, monsieur le docteur, reprit la mère, que c'est entêtement ou folie!

— Allons, la maman, ne grondez pas ; demain elle sera plus sage, et elle dansera; n'est-ce pas, mon enfant?

— Oui, monsieur.

Le médecin partit, on supprima les confitures, on la menaça du bonnet d'âne, on la laissa tout le jour seule, sans poupée, sans joujoux ; aussi, quand le soir arriva, on était sûr qu'elle ne s'aviserait plus de commettre pareille sottise.

Le soir arriva, et pour la troisième fois, elle fit le même tour, et ne dansa pas, et le public riait de plus belle, et Virginie partageait son hilarité.

Cependant, bien qu'on refusât du monde au théâtre des Capucines, depuis qu'on venait voir comment la première danseuse ne dansait pas, M. Hurpy devenait sérieusement inquiet; il s'évertuait avec la mère et la sœur de sa jeune pensionnaire pour trouver un moyen de mettre un terme à cette longue mystification. Mais lequel? la gourmandise, la coquetterie n'offraient aucune prise, Virginie n'était ni coquette ni gourmande. La peur?... Virginie n'avait peur de personne... excepté d'un factionnaire devant lequel elle passait tous les soirs en sortant du théâtre pour rentrer au logis maternel. Sa grande sœur se rappelle les frayeurs extrêmes qu'éprouvait Virginie à la vue de ce factionnaire qu'elle avait surnommé, dans son langage enfantin, *le Corps de garde...*

On résolut donc, en conseil de famille, d'avoir recours au *Corps de garde* pour faire danser Virginie. A la quatrième représentation on pria un grenadier de service de se tenir armé debout à l'orchestre; quand Virginie entra en scène, elle l'aperçut immédiatement et s'écria :

— Ah! mon Dieu!... *le Corps de garde est dans le théâtre!*

Et, les yeux continuellement braqués sur la sentinelle, ses pieds travaillèrent avec leur prestesse ordinaire. L'heureux résultat qu'on attendait du *Corps de garde dans le théâtre* fut obtenu ; le stratagème réussit; Virginie dansa.

Mais pour quelle raison n'avait-elle point dansé? Si Déjazet cherchait dans ses souvenirs, peut-être avouerait-elle aujourd'hui ce qu'elle ne voulait point avouer alors; peut-être dirait-elle : « Cet étonnement général que je lisais dans tous les regards, cette hilarité désopilante qu'excitait mon immobilité me rapportant des bravos beaucoup plus nombreux que ma danse, c'était l'amour des applaudissements et plus encore la satisfaction intérieure que j'éprouvais en voyant tout ce monde ébahi, qui me faisait adorer cette étrange immobilité.

L'année suivante, la petite Virginie quitta le théâtre des Capucines pour celui des Jeunes-Artistes, qui se trouvait rue de Bondy. Elle n'y resta que quelques mois, pendant lesquels elle joua l'Amour dans *les Sirènes, ou les Sauvages de la Montagne d'Or.* Elle avait alors six ans; et l'anecdote qu'on va lire donnera une preuve convaincante de la conscience et du sentiment artistiques que possédait déjà la petite Virginie et qu'a toujours conservés Déjazet.

CHAPITRE II

Virginie au théâtre des Jeunes-Artistes. — Sa première création. — L'Amour se brûle.

CHAPITRE II

Virginie au théâtre des Jeunes-Artistes. — Sa première création. — L'Amonr se brûle.

La première création de la petite Virginie sur le théâtre des Jeunes-Artistes fut *l'Amour* dans une grande féerie, de M. Abdée, intitulée *les Sirènes, ou les Sauvages de la Montagne d'Or*. L'auteur ne pouvait choisir un plus adorable interprète. Une jolie figure rosée, douce, charmante, fine et spirituelle, des yeux vifs et pénétrants, un sourire gracieux et mutin, n'est-ce pas le portrait de l'Amour ? C'était aussi le portrait ressemblant de la petite Virginie.

Dans cette pièce, l'Amour (Virginie) faisait un pari avec Mercure. Mercure prétendait que jamais une femme ne saurait garder un secret, quand même le bonheur et la vie dépendraient de ce secret. L'Amour soutenait le contraire, offrant pour enjeu son bandeau contre les ailes de Mercure.

On sait que, sous l'Empire, les petits spectacles de l'ordre des Jeunes-Artistes ne pouvaient représenter aucun ouvrage sans qu'Arlequin, Colombine, Cassandre et Giles fussent mêlés à l'intrigue. Aussi retrouvons-nous ces personnages dans *les Sirènes*.

L'Amour s'intéressait donc vivement à Colombine. Il donnait à sa protégée un talisman qui faisait échouer tous les projets de Cassandre; mais il imposait à Colombine la condition formelle de ne jamais dire qu'elle avait ce talisman, comptant sur sa discrétion pour gagner le pari. Cependant Arlequin était si amoureux, si tendre, si gracieux, si pressant, que la trop faible Colombine ne put résister plus longtemps à ses prières. Elle lui avoua qu'elle tenait un talisman de l'Amour..... Aussitôt l'Amour furieux arrachait son bandeau et le donnait à Mercure. Et la trop faible Colombine, abandonnée dès lors par son protecteur, retombait au pouvoir de Cassandre, qui l'entraînait dans des îles lointaines pour la séparer à jamais de son cher Arlequin.

Venait l'acte des *Sirènes*. Le théâtre représentait la pleine mer. On voyait voguer sur les flots le navire qui portait Cassandre, Giles et l'infortunée Colombine. Dès que les *Sirènes* aperçurent le navire, elles formèrent le projet, suivant leur aimable coutume, de le faire échouer après avoir endormi les navigateurs par leurs chants. Ce qui fut dit fut fait, les Sirènes chantaient, un orage éclatait, le vaisseau s'abîmait, et Colombine périssait... si l'Amour ne la protégeait!... Mais l'Amour pardonnait à l'indiscrète. Virginie (attachée sur un piquet de fer et suspendue par un fil) descendait du ciel, *un flambeau à la main,* pour sauver Colombine d'une mort certaine.

Avant ce tableau, il y en avait un autre représentant l'enfer peuplé de diablotins qui couraient çà et là avec des torches enflammées. Je ne parle de cet acte que parce qu'il inspira à la petite Virginie la malheureuse idée qui faillit la priver sinon de la vie, du moins de la faculté de poursuivre sa carrière dramatique. Et c'eût été pour le théâtre une perte irréparable.

Virginie avait remarqué, de la coulisse, que tous ces diables agitant leurs torches enflammées produisaient un merveilleux effet. Elle trouvait leur mouvement de va-et-vient lumineux fort joli ; aussi se dit-elle : « Tout à l'heure,
» quand j'irai chercher Colombine et que je
» monterai avec elle dans le cintre, je ferai
» comme les diables, j'agiterai mon flambeau
» au-dessus de ma tête, et je suis persuadée
» qu'on m'applaudira. »

En effet, quand elle traversa la scène en enlevant Colombine, elle brandit violemment son flambeau ; mais la mèche, qui n'était point disposée pour subir une telle secousse, tomba toute enflammée sur le visage de Virginie, et l'esprit de vin se répandit sur son cou, sur son bras, sur sa poitrine.

Une autre à sa place eût vitement laissé là Colombine, le flambeau, tout ce qui l'embarrassait, pour avoir les mains libres et jeter au loin cette étoupe incandescente qui la brûlait si douloureusement. Mais Virginie eut le cruel courage de se laisser rôtir volontairement jusqu'à ce qu'elle ne fût plus en vue du public, jusqu'à ce qu'elle fût dans le cintre. Son effet lui avait été plus cher que sa personne... La pauvre enfant, le visage brûlé, en proie aux douleurs les plus vives, les plus cuisantes; le cou, les bras, la poitrine ne formant qu'une plaie..... trouva dans sa volonté assez d'énergie pour achever la pièce et jouer encore trois actes interminables. Le spectacle fini, elle s'évanouit... Il fallut l'emporter. Seulement alors sa volonté fut vaincue par la douleur.

Il y a dans ce fait le sentiment d'une grande artiste qui s'identifie tellement avec son rôle, qu'elle parvient à oublier son individualité au point de souffrir horriblement plutôt que de sacrifier la situation du personnage à sa propre conservation. Les natures d'élite se révèlent toujours dès leur enfance par quelque singularité, celle-ci suffisait pour donner une haute opinion de l'avenir d'artiste de Déjazet.

Quelques mois après, la petite Virginie fut engagée au théâtre des Jeunes-Élèves ; encore un petit théâtre construit vers 1799 ou 1800, dans l'ancienne rue Thionville, maintenant rue Dauphine, et démoli en 1826 pour être remplacé par la grande maison qui porte aujourd'hui le numéro 24 (en face de la rue du Pont-de-Lodi).

Ce théâtre avait deux troupes. Virginie appartenait à la première, composée d'enfants de cinq à dix ans; mais ces enfants jouaient de grands ouvrages, de grands personnages très-souvent ; il y avait parmi eux le père noble, la duègne, le traître, la grande coquette, etc. Virginie tenait l'emploi des jeunes premières.

La seconde troupe était formée de jeunes artistes de quatorze à vingt ans, qui ont presque tous jeté un grand éclat sur l'art dramatique : on y remarquait déjà Firmin, Rose Dupuis, Vernet, Fontenay, Lepeintre cadet, Aldegonde; mesdames Régnier, Henriette Guisot, cette grande brune à l'œil vif et noir, au regard de feu, à la démarche hardie; Pauline enfin, cette même Pauline qui devint plus tard une des célébrités des Variétés et que Déjazet, seule, a pu faire oublier.

Virginie ne fit pas encore un long séjour au théâtre des Jeunes-Élèves, et cela bien malgré elle. L'empereur ordonna la fermeture de tous ces petits spectacles qui pullulaient alors dans Paris et qui nuisaient singulièrement à la prospérité des théâtres sérieux. Cette fermeture imprévue, qui eut lieu en 1807, désola la petite Virginie, bien plus à cause de la privation de l'exercice de son art que par la perte de ses appointements. Elle se trouvait condamnée à l'inaction, au silence, arrachée subitemen à ses petits succès, éloignée pour un temps indéterminé d'un public qu'elle aimait. Elle regrettait amèrement les bravos, son théâtre, ses camarades; dans sa jeune imagination son avenir lui semblait entravé, compromis, perdu.

Elle était sans place et craignait de n'en plus trouver. La pauvre enfant commençait à peine sa carrière, déjà les inquiétudes, les préoccupations de l'avenir attristaient son jeune esprit, et cependant elle n'avait encore éprouvé aucune de ces cruelles déceptions qu'elle devait connaître plus tard. Elle n'avait pas encore eu à lutter contre les rivalités, les jalousies, le mauvais vouloir, l'ignorance, l'ingratitude, la haine et toutes les mauvaises passions de ce monde étrange dans lequel elle allait passer sa vie, de ce monde dramatique qui, malgré son amour-propre effréné, sa vanité, son orgueil, triple don de Satan, est encore, quoi qu'on dise, le meilleur des mondes par le cœur.

On verra par la suite tout ce qu'il a fallu de persévérance, de courage, d'énergie, de patience et de volonté à la petite Virginie pour

CHAPITRE II.

s'emparer de la place que méritait son véritable talent ; on verra combien d'entraves brisées, combien d'obstacles vaincus !

Virginie ne resta pas longtemps sans emploi. Le vieux père Barré l'avait remarquée, il était alors directeur du Vaudeville, il engagea Virginie pour les rôles d'enfant. Elle avait à peine onze ans, et cependant cet emploi semblait peu lui sourire. Habituée qu'elle était à jouer les grandes princesses ou les jeunes amoureuses au théâtre de la rue Thionville, son petit amour-propre se révoltait de voir qu'on la traitait comme une enfant. Alors elle eût donné très-volontiers dix années de ses succès futurs pour être plus grande et plus vieille.

Vertpré, Joly, Seveste, Isambert, Guénée, Jullien, Henry, Fontenay, Fichet, mesdemoiselles Minette, Arsène, Rivière, Jenny (aujourd'hui madame Carmouche), que Virginie regardait comme ses camarades, la regardaient, elle, comme une petite fille gentille, intelligente, très-adroite ; mais enfin elle était pour tout le monde *la petite* Virginie, c'est-à-dire une enfant. Et voilà justement ce qui lui déplaisait.

Ah! comme elle aspirait à jouer le rôle d'une *femme!*..... Elle attendit deux ou trois ans cet heureux jour. Enfin cet heureux jour arriva.

Ce fut le bon père Bouilly (l'auteur des *Contes à ma fille*) qui le premier satisfit son ardent désir. Il lui confia le soin de créer la fée Nabotte dans *la Belle au bois dormant*, superbe féerie en deux actes qu'il avait écrite en collaboration avec Dumersan :

— Ah! Virginie, vous ne voulez plus jouer les enfant? Eh bien, voilà un rôle de petite vieille, très-cassée, très-revêche, très-méchante ; voyons comment vous vous en tirerez, disait Barré le directeur.

Le 20 février 1811 on donna pour la première fois *la Belle au bois dormant*. La pièce fit courir tout Paris, et Virginie triompha complétement des difficultés qu'offrait à une enfant de son âge la création d'un rôle qui demandait de la composition et toute l'expérience d'une artiste consommée.

Quand elle chanta ce couplet, le seul qui soit dans le rôle, je crois :

> Il faut brûler de chastes flammes ;
> Il faudrait qu'un preux chevalier
> Au courage sût allier
> Le plus grand respect pour les dames...
> Mais au train de nos jeunes gens,
> La belle dormira longtemps...

les bravos retentirent de tous les côtés de la salle. C'est qu'il était impossible de chanter avec plus de finesse et d'esprit.

Le public savait gré à Virginie d'avoir renoncé si franchement à toutes les grâces enfantines de son âge, d'avoir consenti à se grimer, à s'affubler de cheveux blancs et de tout l'attirail grotesque de la vieille fée Nabotte. Le public comprenait toute l'étendue du dévouement de Virginie. Il comprenait parfaitement que, chez une jeune fille, et surtout chez une actrice, le plus grand des sacrifices était celui de la jeunesse et des agréments du visage. Il n'était pas habitué à tant d'abnégation, souvent il voyait les vieilles femmes jouer les rôles d'ingénues, mais jamais les ingénuités jouer les duègues. Cette fois, il est vrai, il avait affaire à une véritable artiste, et ces natures exceptionnelles comptent pour rien les avantages physiques quand ils nuisent à la vérité, à l'illusion, à la ressemblance du portrait qu'elles veulent toujours reproduire fidèlement.

Désaugiers, le célèbre chansonnier, fut désigné, en 1816, pour succéder à Barré, qui avait besoin de repos. On ne pouvait placer à la tête d'un théâtre chantant un homme plus capable. A son avénement au trône directorial, il contracta divers engagements importants, entre autres avec mesdames Perrin et Gonthier, qui n'avaient pu se faire distinguer encore, avec Philippe et Lepeintre aîné. Il renouvela ceux de Minette et de Virginie.

Virginie espérait que le succès qu'elle avait

obtenu dans *la Belle au bois dormant* lui permettrait enfin de créer au Vaudeville quelques rôles où elle pût développer les germes de son talent; elle commençait à se fatiguer de jouer toujours des enfants, ou de doubler des actrices qui très-souvent ne la valaient pas.

Mais la pauvre enfant ignorait qu'au théâtre un premier succès donne l'éveil à mille rivalités, c'est le signal de la lutte, et cette lutte, une fois engagée, il faut la soutenir jusqu'à la dernière heure de sa carrière.

Il faut lutter contre ses camarades, qui vous disputent le terrain pied à pied.

Il faut lutter contre les auteurs, qui lorsque vous commencez vous dédaignent, lorsque vous avez du talent vous flattent, lorsque vous vieillissez vous délaissent.

Il faut lutter contre les directeurs, qui vous exploitent à leur gré, sans soucis de votre avenir, qu'ils brisent comme verre sur le plus léger caprice, si vous ne vous résignez à être toujours leur dupe ou leur esclave!

La pauvre enfant ignorait tout cela.

CHAPITRE III

Emancipation. — Voyage à Orléans. — Rupture avec le Vaudeville. — Débuts aux Variétés.

CHAPITRE III

Émancipation. — Voyage à Orléans. — Rupture avec
le Vaudeville. — Débuts aux Variétés.

Virginie croyait qu'il ne s'agissait que d'acquérir du talent pour arriver. Mais ce talent une fois acquis, il faut pouvoir le montrer, comment? Si les moyens vous sont interdits, comment prouver que vous êtes une habile comédienne si vous n'avez point de rôles, ou si les rôles que vous avez sont nuls et sans effet?...

Cet état, ou cet art, comme il vous plaira de l'appeler, a cela de terrible, c'est que ceux qui l'exercent ne tiennent jamais le gouvernail de leur carrière, ne sont jamais les maîtres de leur avenir, ne peuvent rien par eux seuls. Sans cesse et toujours livrés au caprice d'autrui, jouets perpétuels du hasard et des circonstances, les comédiens sont les seuls artistes condamnés à l'impuissance, car ils sont les seuls qui aient besoin pour se produire de la bonne volonté et de la coopération de tant d'autres intelligences presque toujours égoïstes ou passionnées. Le comédien par lui-même ne peut rien, absolument rien, je le répète, sans le concours des auteurs et des directeurs, et disons-le, car c'est la vérité, les directeurs et les auteurs ne servent généralement que les célébrités.

Mais comme il est fort rare d'être célèbre au début de sa carrière, il advient que les débutants sont très-rarement encouragés et aidés par ces autocrates de coulisses, qui se disent fièrement les soutiens et les protecteurs des artistes, et qui ne sont trop souvent que des commerçants, des exploiteurs plus ou moins intelligents.

CHAPITRE III.

On ne saurait croire aux difficultés sans nombre que chaque artiste doit surmonter, quand même il a le bonheur de rencontrer pour directeur un homme serviable, bon, humain, comme l'était Désaugiers. Il faut d'abord *trouver sa véritable place,* hasard après lequel on court souvent toute sa vie sans pouvoir le saisir. Et la place une fois occupée par un autre, cela suffit pour vous barrer à jamais le chemin.

Virginie attendit longtemps cet heureux hasard; et sans l'ouverture du théâtre du Palais-Royal, qui sait si jamais il lui eût été possible de mettre au jour toutes les richesses de son naturel original et varié? Quand elle était au Vaudeville (en 1816), elle avait déjà du talent, et cependant elle végétait : c'est que mesdames Minette, Rivière, Desmares étaient les actrices à la mode, en possession de la faveur du public; les auteurs ne travaillaient que pour ces dames, et la petite Virginie était reléguée au second et même au troisième plan. Il fallut une circonstance imprévue pour qu'elle parvînt à jouer quelques rôles importants. Cette circonstance, la voici.

Désaugiers fit restaurer la salle du Vaudeville, et pendant ce temps il donna dix jours de congé aux artistes. Pour utiliser ces dix jours de liberté, Gonthier proposa à ses nouveaux camarades de se réunir en société et de faire un petit voyage d'agrément. Thuillier, comique amusant; Laporte, l'arlequin en réputation; Guénée, le boute-en-train par excellence; Seveste, madame Gonthier, Lucie, accueillirent avec empressement cette proposition. Mais Minette la repoussa : elle préférait les plaisirs de la campagne et son jardin aux succès et aux applaudissements de la province. Ce refus inattendu jetait dans un grand embarras la troupe nomade, qui se trouvait privée tout à coup de son premier sujet féminin. Le but de cette promenade dramatique était très-désintéressé, il est vrai : c'était une partie de campagne en famille, aux frais du public; mais encore fallait-il que les représentations qu'on voulait donner fussent dignes des artistes du

CHAPITRE III.

théâtre du Vaudeville. Le refus de Minette semblait devoir empêcher la partie. On en était aux expédients, lorsque Gonthier songea à la petite Virginie pour remplacer Minette, et cependant Virginie n'avait encore joué au Vaudeville que des rôles très-secondaires ; mais Gonthier la trouvait capable : cela suffisait. Tous les camarades furent de son avis.

Voici donc la troupe complète et prête à partir pour *Orléans*. Le jour du départ était arrêté et la diligence retenue... lorsque survint encore un autre embarras : *Virginie n'avait pas un seul costume...* Impossible pourtant de jouer Mademoiselle d'Aubigné avec une petite robe d'indienne. Virginie, en 1816, ne portait à la ville ni soie ni velours, mais du modeste mérinos, des bas noirs, des socles et des souliers lacés! ce qui faisait son désespoir, les bas noirs surtout : elle les avait en horreur, et madame Barbe-Bleue voulait toujours qu'elle en portât. Que faire ?

Une de ses camarades la conduisit à un certain marché qu'on appelle encore *le Temple*. Pour la modique somme de dix louis, dont la société fit généreusement les avances, Virginie eut une garde-robe complète ; et les artistes du Vaudeville partirent enfin pour Orléans.

Virginie quittait sa mère et sa sœur Thérèse pour la première fois. — Pour la première fois elle allait donc se trouver seule, maîtresse de ses actions.

La première émancipation fut et sera toujours pleine de charmes, même pour les enfants qui chérissent le plus leurs parents : aussi Virginie était-elle joyeuse et fière d'être ainsi livrée à elle-même... Elle volait enfin de ses propres ailes : cela lui donnait un air de grande personne qui la flattait beaucoup. Elle avait à peine seize ans, mais depuis longtemps déjà elle aspirait à la liberté.... Qu'on juge de son ivresse quand elle se vit installée à Orléans, *hôtel de l'Épervier*, dans une jolie petite chambre meublée en véritable acajou, ornée de tableaux, de glaces, de rideaux, de tapis et de tous ces mille riens qui paraissent un luxe asiatique aux yeux des enfants élevés au sein d'une nombreuse et pauvre famille d'artistes.

Eh bien, ce qui charmait le plus Virginie dans son indépendance provisoire, ce n'était point de pouvoir aller et venir comme bon lui semblait, ce n'était point de rester à souper avec ses camarades après minuit, ce n'était point les promenades sur les rives de la Loire, les courses en bateau, ni les excursions dans les villages voisins; non, elle ne se disait point : « Quel bonheur! je suis libre, je puis courir, je puis veiller, je puis aller au bal! » Non ; mais elle se disait : « Quel bonheur! *je vais donc pouvoir mettre les bas que je voudrai!!!* »

La société des artistes du Vaudeville débuta à Orléans par *le Mariage de Scarron;* Virginie joua le rôle de Mademoiselle d'Aubigné. Je ne sais si Déjazet se souvient encore de la superbe robe à queue qu'elle portait dans ce rôle, mais ce que je puis affirmer, c'est que cette robe à queue gênait et embarrassait singulièrement la petite Virginie. Notre jeune et intelligente actrice, dans le personnage de Tiennette du *Nouveau Pourceaugnac*, se trouvait plus à l'aise. Déjà son heureux penchant pour le genre comique se faisait pressentir. Elle lançait déjà le mot avec esprit, elle chantait agréablement, bien que sa voix, un peu trop aiguë, ne fût pas encore posée comme elle l'est aujourd'hui. — Les dix jours de congé passèrent rapidement, trop rapidement au gré de Virginie. Les succès que lui méritèrent les quelques rôles brillants qu'elle joua à Orléans l'enivrèrent et lui montèrent la tête; et, bien qu'elle revînt à Paris sa bourse bien garnie (son quart de part avait produit 200 francs nets de tous frais, et jamais la pauvre enfant n'avait eu tant d'argent), bien qu'elle retrouvât la même place qu'elle occupait au Vaudeville, elle n'était pas satisfaite : cette même place, qui lui paraissait douce et aimable quinze jours auparavant, maintenant lui semblait triste et misérable. C'est que quinze jours avaient suffi pour que l'enfant devînt jeune fille, et que le souffle du succès avait éveillé dans cette tête de seize ans tous les instincts de l'ar-

CHAPITRE III.

tiste, l'amour de la gloire et la soif des bravos.

Quand il lui fallut reprendre tous ses rôles secondaires, quand il lui fallut voir jouer à Minette ces mêmes rôles qu'elle avait remplis à Orléans avec tant de succès, la pauvre Virginie sentit son cœur se gonfler ; elle souffrit... non de cette jalousie indigne des âmes d'élite, mais de cette fiévreuse émulation qui, loin de vous aveugler, vous laisse toute votre raison et votre conscience pour juger sainement et reconnaître la valeur réelle du talent de vos émules, la supériorité ou l'infériorité de vos rivaux.

Virginie, en fille de sens, ne s'abusa point : elle comprit parfaitement que la lutte était impossible entre elle et Minette.

Minette était dans tout l'éclat de son talent et de sa réputation, et cette réputation était méritée et ce talent était réel.

Virginie alla consulter Gonthier sur le parti qu'elle avait à prendre.

Il lui dit que lorsqu'on entrait enfant dans un théâtre, et qu'on y restait longtemps dans une position secondaire (Virginie était depuis neuf années au Vaudeville), jamais on n'arrivait au premier rang. Il lui conseilla donc de partir, de quitter le Vaudeville et Paris, de courir la province pendant deux ou trois années, jusqu'à ce qu'une circonstance, un hasard, lui offrissent une occasion de rentrer à Paris brillamment.

Virginie ne suivit que la moitié du conseil ; elle quitta le Vaudeville, mais elle ne put se décider à renoncer à son cher Paris, à son pays, au berceau de ses premiers succès. Elle alla chercher fortune au théâtre des Variétés.

Le théâtre des Variétés était alors dirigé par l'illustre Brunet. Virginie débuta d'abord par le rôle de Suzette dans *Quinze ans d'absence*, comédie en un acte de Merle et Brazier ; puis elle eut l'imprudence de choisir pour continuer ses débuts un rôle créé par Pauline, celui de *Félix,* élève d'un lycée, dans *les Petits Bracon-*

CHAPITRE III.

niers, ou les Écoliers en vacances, comédie en un acte, mêlée de couplets, de Merle et Brazier, représentée pour la première fois à ce théâtre le 4 mai 1813. La débutante eut le malheur plus grand encore d'obtenir un véritable succès dans cette pièce, qui était déjà vieille de plusieurs années; Virginie était réellement ravissante avec son habit et son pantalon bleu, et son petit gilet à boutons blancs; elle portait si crânement son chapeau militaire, ses galons de sergent, et sa cocarde blanche, et ses fleurs de lis, qu'on l'eût prise volontiers pour un véritable lycéen.

Potier, Aldegonde, madame Mengozzi et Vernet (qui jouait André, l'amant de Nicette) étaient tous étonnés de son aplomb, surtout de son intelligence scénique, de la facilité et de l'élégance qu'elle avait à porter l'uniforme. Brunet lui-même la trouvait charmante... Mais Pauline, qui dirigeait alors le directeur, Pauline, qui occupait au théâtre des Variétés la première position, Pauline, qui était la sultane favorite de celui qui était appelé à créer plus tard le fameux pacha Schahabaham, de l'ébouriffante farce de MM. Scribe et Xavier (*l'Ours et le Pacha*), Pauline persuada au trop faible Brunet que la petite Virginie était inutile. Brunet le crut ou feignit de le croire. Pour ne pas irriter sa divine sultane, par amour pour son repos et pour ne point exciter la jalousie de Pauline, *il ne fit plus jouer Virginie.*

Virginie attendit patiemment pendant six grands mois, mais en vain. Fatiguée de ne rien faire, et ne pouvant plus douter de la mauvaise disposition de l'administration à son égard, elle signifia à Brunet qu'elle voulait quitter les Variétés. Brunet la laissa partir presque avec joie.

Lorsque Potier apprit cette rupture, il dit franchement à Brunet :

— *Tu fais une grande sottise. Cette petite Virginie, crois-moi, ira loin. Il y a en elle l'étoffe d'une véritable* COMÉDIENNE, *et tu n'as à ton théâtre que des* ACTRICES.

Pauline n'était pas de cet avis. Pauline voulait le départ de Virginie, et Virginie partit.

Voilà l'état!... Jeunesse, avenir, talent, succès: tout cela ne signifie rien, ne mène à rien, quand les faiblesses, les caprices ou les injustices de ceux qui dirigent les théâtres sont hostiles et contraires aux pauvres artistes!

CHAPITRE IV

Départ pour Lyon. — Le Perroquet de Virginie.

CHAPITRE IV

Départ pour Lyon. — Le Perroquet de Virginie.

Virginie se décida donc à suivre ponctuellement le sage conseil de Gonthier et à partir pour la province, puisqu'au théâtre des Variétés, comme au théâtre du Vaudeville, elle n'avait pu parvenir à tenir un emploi convenable.

Elle était dans cette disposition d'esprit, lorsque, par une belle matinée de juin 1817, elle fut éveillée dès sept heures du matin par un visiteur.

Seveste, son ancien camarade, qui cumulait alors (il était artiste du Vaudeville et correspondant), venait lui offrir un superbe engagement pour Lyon : 1,800 francs d'appointements. Il s'agissait de remplacer madame Vicherat, forcée de partir sur-le-champ pour les Iles, où son mari était mort récemment.

Virginie accepta sans hésiter.

Ses bagages n'étaient point nombreux, et ses malles furent vite chargées.

Vingt-quatre heures suffirent à ses adieux, et riche de jeunesse et d'espérance, ayant pour seul mentor un perroquet qu'elle adorait, elle partit, sous la garde de cet ami fidèle, pour la seconde ville du royaume.

En ce temps-là, et ce n'est pas loin pourtant, eh bien, en l'an de grâce 1817, les diligences mettaient sept jours à faire le trajet de Paris à Lyon. Les voyageurs passaient trois nuits à l'hôtel, et souvent, très-souvent on ne trouvait point de chevaux aux relais, retenus qu'ils étaient aux champs; il fallait attendre leur retour de la charrue, et je vous laisse à penser de quel trot vous menaient ces pauvres bêtes éreintées et poussives. On leur ingurgitait du vin pour ranimer leur courage; mais ce courage d'un moment cédait bientôt, vaincu par les fatigues du jour.

Virginie avait pour compagnons de voyage un Anglais et un Allemand. Ces deux aimables étrangers se montrèrent très-empressés. Pour mettre sa position à couvert, elle s'était bien gardée de leur dire qui elle était et ce qu'elle allait faire à Lyon; mais elle eut l'imprudence de laisser un instant à la table d'hôte son perroquet seul avec ces messieurs, et l'indiscret animal, pendant l'absence de sa maîtresse, se mit à crier et répéter sans cesse :

— *Virrrrrginie, Virrrrrginie, sais-tu ton role? Virrrrrginie, Brrrrrunet n'est qu'un polisson! Virrrrrginie, au théâtrrrre! au théâtrrrre!*

Quand Virginie revint, le perroquet se tut ; mais l'Anglais s'écria :

— Mademoiselle Virginie *sait-elle son rôle ?*

Et l'Allemand ajouta :

— Mademoiselle Virginie, *Brunet n'est qu'un polisson !*

L'incognito n'était plus possible.

L'actrice voyageuse n'eut point à se repentir de l'indiscrétion de son perroquet. Les soins, les prévenances, les assiduités de ses deux compagnons de route redoublèrent ; mais leur respect ne diminua pas.

Virginie arriva à Lyon sans accident. Elle débuta par le rôle de Laure dans *les Deux Pères, ou la Leçon de botanique,* pièce de Dupaty, l'ex-académicien. Mais elle rencontra des obstacles qui retardèrent son début, et qui l'eussent fait ajourner indéfiniment, sans la complaisance d'un artiste dont le nom a acquis depuis à Paris une certaine popularité.

L'amoureux qui s'était présenté devant le public de Lyon pour tenir l'emploi de Gonthier venait de tomber, et personne dans la troupe ne pouvait le remplacer.

A Pontoise ou à Carpentras, et M. Ducros directeur, on eût supprimé le rôle de Prosper, comme nuisant à l'action, et joué la pièce; mais à Lyon, fort heureusement, on ne tolère pas ces moyens-là. Il fallait absolument un Prosper, et le directeur n'en trouvait pas. Comment faire? à qui s'adresser?... A l'Empereur!... Oui, oui, à l'Empereur, ne vous en déplaise, c'est-à-dire à *Gobert*, qui, pour faciliter les débuts de mademoiselle Virginie, consentit gracieusement à jouer ce rôle, quoiqu'il n'appartînt plus à son nouvel emploi (depuis quelque temps déjà il s'était voué à l'étude spéciale du drame). Enfin, grâce à Gobert, Virginie put débuter à Lyon, et là comme à Paris, elle obtint un légitime et véritable succès.

Elle espérait cette fois pouvoir enfin tenir son emploi librement, et se croyait délivrée à jamais des coteries de tous genres dont elle avait été victime à Paris. Elle s'était exilée, car la province pour elle c'était l'exil; elle s'était exilée pour fuir le voisinage de Minette, dont la première elle admirait le talent; pour fuir Pauline, cette sultane favorite dont la puissance lui avait été si fatale; enfin pour trouver sa place au soleil de la rampe.

Trouverait-elle au moins dans l'exil ce qu'elle avait vainement cherché à Paris?

Il n'y avait point à Lyon un talent comparable à celui de Minette, sans doute; mais il y avait à Lyon, comme aux Variétés, comme dans presque tous les théâtres, une sultane favorite.

La Pauline du chef-lieu du département du Rhône s'appelait Ugens; son pacha se nommait Solomé : il était régisseur général et plus puissant que le directeur.

Mademoiselle Ugens n'était pas sans beauté,

mais elle était sans talent : c'était une de ces trop nombreuses actrices qui se servent d'un théâtre comme d'une montre d'étalage, pour faire parade de leurs quelques charmes, espèces d'automates vivants qui revêtent tous les costumes ; avec cette seule différence que les automates se soucient fort peu de l'élégance et de la richesse de leurs habits, tandis que les automates animés, au contraire, ne se soucient que de cela.

Mademoiselle Ugens, qui, à défaut de savoir, ne manquait pas de savoir-faire, tenait l'emploi des jeunes premières, ou plutôt l'emploi des beaux rôles ; les pièces n'étaient distribuées que lorsque mademoiselle Ugens avait choisi le rôle qui lui convenait, ou qu'elle croyait lui convenir. Effrayée des succès de la nouvelle venue, elle employa toutes ses séductions et son savoir-faire pour arrêter Virginie dans son essor.

Solomé, le pacha corruptible, cédait à tous les désirs, à tous les caprices de sa diva sultane.

Virginie n'avait d'autre protecteur que son mérite (qui grandissait par les difficultés) ; elle aurait encore été reléguée au second plan et sacrifiée à mademoiselle Ugens, si le public de Lyon ne se fût mêlé de la partie ; mais le public se déclara le champion de la débutante, les habitués protestèrent contre le trop d'ambition de mademoiselle Ugens, signifièrent à l'administration qu'ils entendaient qu'elle ne sortît plus à l'avenir de son emploi, et réclamèrent à haute voix, en plein spectacle, le respect des droits de l'opprimée.

Enfin, le public aidant et le bon droit triomphant, Virginie conquit une position, de beaux rôles et de brillants succès. Cette manifestation inespérée du public en sa faveur ranima son courage, doubla son ardeur, enflamma sa jeune imagination : elle continua à travailler sérieusement.

Elle reparut dans *Angeline, ou la Champenoise*. On lui fit une entrée superbe, on la rappela; et ce fut toujours à Lyon, à partir de cette soirée, même succès, même fête pour elle. C'est qu'à partir de cette soirée, elle fit de sensibles progrès, et tout le monde voyait ce que Potier avait vu le premier, que Virginie n'était point une actrice ordinaire, mais une *véritable comédienne*.

Tautin, qui devint plus tard le premier rôle de l'Ambigu ; madame Guillemin, l'excellente duègne du Vaudeville, qu'on ne remplacera pas de longtemps ; Bertin, qui créa *le Vieux Berger* au Panorama-Dramatique ; Prudent, qui créa l'amoureux de *Partie et Revanche*, au Gymnase, et qui vint terminer sa carrière au Luxembourg : tous ces artistes de mérite étaient alors à Lyon les camarades de Virginie, et les premiers à la féliciter et à prôner son talent.

M. Delestre-Poirson, qui venait d'obtenir le privilége du Gymnase, voyageait à cette époque pour former sa troupe ; il entendit faire un tel éloge de Virginie, que le nouveau directeur partit pour Lyon, afin de juger par ses propres yeux. Il lui vit jouer *le Diable couleur de rose*, et voulut l'engager le soir même; mais elle avait signé quelques jours auparavant un engagement d'une année pour Bordeaux, et les offres avantageuses de M. Poirson, le désir qu'elle avait de revoir sa famille et son cher Paris, rien ne put la faire manquer à sa signature.

M. Poirson fut donc obligé d'attendre qu'elle fût libre; il l'engagea néanmoins pour l'année suivante.

Virginie quittait Lyon avec chagrin. Elle y était depuis plus de deux ans. L'aimable et sympathique accueil qu'elle y rencontra toujours avait pénétré son cœur de reconnaissance. Les fatigantes poursuites d'un original dangereux furent les seules raisons qui la décidèrent à partir.

CHAPITRE V

Les gentillesses de M. Perrin. — Ses façons d'aimer
et de se faire aimer.

CHAPITRE V

Les gentillesses de M. Perrin. — Ses façons d'aimer
et de se faire aimer.

Il y avait, au nombre des abonnés du théâtre de Lyon, un certain M. Perrin, cousin d'un riche marchand de sel de la ville, dont il était l'associé : c'était un gros gaillard, petit, court, assez beau garçon, mais très-ridicule ; ce monsieur passait sa vie à faire assaut des deux mains à la salle d'armes : il était de la force de Grisier et tirait le pistolet comme Paul Jones le corsaire, à ce qu'il disait ; tous les jeunes gens de la ville étaient de ses amis, mais tous l'évitaient autant que possible; et cependant il était riche!

Ce M. Perrin s'éveilla un beau jour très-épris de Virginie, et il se mit en tête d'en faire sa maîtresse. Il assistait assidûment à toutes les représentations des pièces dans lesquelles elle avait un rôle; il ne lui avait jamais adressé la parole, mais il disait à tous ses amis qu'il était au mieux avec elle.

Un soir pourtant, disposé à tout oser, et persuadé de vaincre probablement, il voulut *en finir* et monta résolûment, après le spectacle, chez Virginie. Celle-ci, étonnée d'entendre sonner chez elle à pareille heure, hésita quelques secondes à ouvrir; mais, peu poltronne de sa nature, elle se décida et ouvrit.

— Pardon, mademoiselle, je suis Perrin.

— Je n'ai pas l'honneur de vous connaître, monsieur.

— Mais je vous connais moi, mademoiselle.

— Je ne crois pas, monsieur.

— Mais, mademoiselle, je...

— Si vous me connaissiez, monsieur, vous sauriez que je n'ai pas l'habitude de recevoir de visites à pareille heure.

Elle voulait fermer sa porte; mais M. Perrin passa vivement son pied de façon à lui en ôter les moyens, et il reprit vivement :

— Mademoiselle, je suis un jeune homme *très-bien*, et je viens vous rendre un immense service : je ne vous demande que cinq minutes d'audience.

— Cinq minutes soit.

M. Perrin entra, se jeta nonchalamment dans un fauteuil, garda son chapeau sur sa tête, son cigare à la main, son lorgnon dans l'œil, et se croisa les jambes en promenant autour de lui un regard inquisitorial...

— Mademoiselle, je viens...

— Pardon, monsieur... Vous êtes un jeune homme *très-bien*, dites-vous?

— Sans doute, mademoiselle.

— Veuillez m'en donner trois preuves.

— Quatre, mademoiselle.

— Eh bien, quatre soit : ôtez votre chapeau, jetez votre cigare, quittez votre lorgnon et décroisez vos jambes.

Virginie avait tant d'assurance et de sang-froid en prononçant ces paroles, que Perrin, tout interdit, ôta son chapeau, jeta son cigare, quitta son lorgnon, décroisa les jambes et se leva involontairement.

— A la bonne heure, dit-elle en s'asseyant à son tour et en le regardant fixement; maintenant vous avez presque l'air d'un jeune homme *très-bien*.

— Presque ?

— Oui, *presque*... Mais veuillez me dire ce qui me procure l'honneur de votre visite?

— Mademoiselle, je viens... je voulais... c'était pour vous informer...

Et le pauvre Perrin ne pouvait achever ses phrases, tant il était intimidé, lui qui croyait au contraire intimider Virginie.

L'audacieux visiteur ne savait plus réellement quelle contenance garder. Il cherchait en vain à retrouver son aplomb, soit en frisant sa moustache démesurément longue, soit en ricanant de ce petit rire nerveux et saccadé qui est un signe d'inquiétude, mais non une preuve de satisfaction. Il ne disait plus une seule parole. Virginie fut obligée de rompre le silence :

— Voyons, monsieur, lui dit-elle, remettez-vous, et surtout hâtez-vous, car je ne vous dois plus que trois minutes d'audience, d'après nos conventions.

— En vérité, mademoiselle, vous me troublez...

— Je le vois bien.

— Je ne sais plus ce que j'ai à vous dire.

— C'est qu'apparemment ce que vous avez à me dire ne vaut pas la peine d'être dit.

— Voilà qui est méchant.

— C'est vrai, et voilà tout.

— Mademoiselle, je venais pour vous annoncer que demain on doit vous siffler. Une cabale considérable est organisée contre vous, et tous les amis de mademoiselle Ugens, tous, et ils sont nombreux, eh bien, tous seront de la partie.

— Je vous disais bien que ce que vous aviez à me dire ne valait pas la peine d'être dit.

— Comment?

— Sans doute... Eh quoi! vous venez chez moi à minuit moins un quart pour m'annoncer pareille nouvelle? Mais si je dois être sifflée, monsieur, il n'est pas en mon pouvoir d'empêcher cette cabale, et je trouve cruel celui qui vient dire à une femme qu'un grand chagrin la menace, sans lui offrir le moyen de le prévenir.

— C'est précisément ce moyen que je viens vous offrir, mademoiselle.

— Vous?

CHAPITRE V.

— Oui, mademoiselle, moi.

— Et quel est ce moyen ?

— On doit vous siffler demain soir. *Eh bien, je vous propose de partir avec moi pour Genève demain matin.*

Virginie se mit à rire aux éclats, se leva, prit un flambeau, jeta les yeux sur la pendule, ouvrit la porte de son appartement et ne répondit pas.

M. Perrin feignit de ne pas comprendre, s'étendit dans un fauteuil, comme il l'avait fait en entrant, remit son chapeau, ralluma son cigare, reprit son lorgnon, se croisa de nouveau les jambes et ne bougea point : il avait retrouvé toute son audace, tout son incroyable aplomb.

On entendit sonner minuit.

Il ôta son carrik (le carrik était un vêtement très-bien porté en 1819).

Il le jeta négligemment sur un fauteuil, ce qui était une preuve significative qu'il n'était pas du tout disposé à quitter la place.

Virginie commençait à devenir sérieusement inquiète : elle était seule, sans parents, sans domestiques ; elle n'avait personne pour l'aider à jeter dehors cet impertinent indiscret. Elle voulait autant que possible éviter le scandale : aussi se décida-t-elle à patienter encore ; seulement elle ne lui adressa plus la parole, elle ne lui répondit plus, et sans paraître s'apercevoir qu'il fût là, elle se mit à tout disposer pour son modeste souper, et soupa *seule* et silencieusement devant lui.

M. Perrin ne rompit pas le silence, il la regarda souper sans lui dire un seul mot ; il ne fit qu'allumer un nouveau cigare.

Le souper était terminé depuis longtemps déjà, et le silence régnait toujours. Minuit et demi sonna, puis une heure... Perrin ne bougeait pas, ne parlait pas,

CHAPITRE V.

Virginie perdit enfin patience et s'écria :

— Ma foi, monsieur, puisque vous ne voulez pas quitter la place, je vous l'abandonne; bonsoir !

Et elle s'enfuit brusquement dans sa chambre à coucher, en emportant les lumières et tâchant de s'y barricader solidement.

Cette fugue inattendue, cette obscurité soudaine, firent sortir Perrin de son immobilité muette et contemplative; il courut rapidement à travers les ténèbres, se heurtant contre chaque meuble, renversant et brisant tout ce qu'il touchait, cherchant à l'aveuglette la porte par laquelle Virginie s'était enfuie.

Il entendait les efforts qu'elle faisait pour se claquemurer, pour se mettre en lieu sûr et à l'abri des importunités, et le bruit que produisaient ces efforts excitait singulièrement sa mauvaise humeur et son inqualifiable audace. Il ne tarda pas à trouver la porte de la chambre à coucher; l'ouvrir ne fut pas difficile, elle céda sans résistance.

Virginie n'avait eu ni le temps ni la force de la défendre en y adossant quelques gros meubles, et, pour comble de malheur, cette porte d'hôtel garni n'avait point de serrure, elle fermait par un simple loquet; tout ce que Virginie avait pu faire pour sa défense fut de mettre son couteau dans la gâche sur le loquet, afin de tâcher d'en paralyser le jeu; mais à la plus légère secousse, le couteau tomba, le loquet joua, la porte fut ouverte, et Perrin pénétra dans la chambre à coucher.

— Ah çà, monsieur, décidément, que me voulez-vous?

Perrin ne répondit pas; seulement il ôta son habit et l'accrocha à l'espagnolette de la fenêtre qui donnait sur la rue.

— Que signifie cette plaisanterie de mauvais goût, je vous prie?... que faites-vous?

CHAPITRE V. 71

Perrin ôta sa cravate sans dire un seul mot.

— Mais, monsieur, je vais appeler et vous faire jeter à la porte par le premier passant !

Perrin tira de sa redingote deux petits pistolets de poche : après s'être assuré qu'ils étaient chargés et en bon état, il se débarrassa de son gilet, toujours sans proférer une seule parole et sans se dessaisir de ses pistolets.

— Mais savez-vous bien, monsieur, que je porterai plainte à la police...

Il ôta ses bretelles.

— Enfin, monsieur, votre conduite est indécente...

Perrin passa derrière les rideaux du lit qu'il ferma hermétiquement.

— Que faites-vous encore ?

Il ne répondit pas ; mais un pantalon dépossédé de son propriétaire vint tomber au milieu, de la chambre...

— Ah!... mais vous êtes fou, monsieur !

— Je suis couché, mademoiselle.

— Couché!... Dans mon lit ?...

— Mon Dieu, oui, dans votre lit... Mon portier n'ouvre jamais après minuit, et je ne vous crois pas assez inhumaine pour m'envoyer coucher à la belle étoile, d'autant plus qu'il gèle à quinze degrés et que je suis très-frileux.

— Couché ! couché !... s'écriait toujours Virginie, qui ne pouvait croire à tant d'arrogance.

— Eh parbleu ! oui, couché. Voyez vous-même.

Et Perrin ouvrit les rideaux. Il avait dit vrai.

Virginie poussa un cri d'indignation, quitta vite la chambre, traversa plus vivement encore la première pièce qui lui servait de salon et de salle à manger, et s'en alla frapper chez son voisin, après toutefois avoir pris soin de refermer la porte d'entrée de son appartement à double tour, pour prendre au piége et punir l'insolent Perrin.

Tautin demeurait sur le même palier qu'elle ; ce fut chez lui qu'elle frappa. Tautin dormait profondément ; il la fit longtemps attendre avant de se lever et d'ouvrir. Troublé dans son premier sommeil, il était fort maussade : il ne comprenait pas comment Virginie venait l'éveiller à pareille heure ; elle fut obligée de lui dire et redire trois fois la cause de son importunité.

Quand Tautin fut au courant de l'aventure, et qu'il sut que l'homme contre lequel Virginie venait réclamer sa protection s'appelait Perrin, quand il apprit surtout que ce Perrin avait *des pistolets*, il refusa positivement de se mêler de cette affaire.

— Vois-tu, ma bonne amie, — lui dit-il, — Perrin connaît tout le monde ; il fait la pluie et le beau temps au théâtre ; c'est un meneur très-influent, et puis il est très-fort, il se bat comme Saint-Georges, il vous tue un homme aussi froidement qu'il tue un lièvre. Vraiment, il serait par trop imprudent de se mettre mal

avec lui. J'en suis très-fâché pour toi, qui es une bonne fille, que j'aime de tout mon cœur, mais franchement je ne veux pas risquer de me faire siffler, et peut-être même de me faire rosser, en me mêlant de ce qui ne me regarde pas. Tire-toi de là comme tu pourras; quant à moi, je te le répète, je ne puis ni ne veux intervenir en aucune façon. Bonsoir, chère amie.
Et il s'apprêtait à refermer sa porte.

— Mais au moins donne-moi l'hospitalité jusqu'au jour.

— Diable! non, il n'aurait qu'à l'apprendre, il me croirait son rival; j'aurais l'air d'être ton complice, et de t'avoir facilité les moyens de lui échapper. D'ailleurs je suis garçon, chère amie, et pour ta réputation... cela ne serait pas convenable.

— C'est juste, répliqua Virginie, qui riait de pitié, je ne sais où j'avais la tête de compter sur toi pour me défendre.

Elle lui tourna le dos, et se mit à gravir

CHAPITRE V.

quatre à quatre les degrés de l'étage supérieur, où demeurait la duègne de la troupe, madame Camus.

Madame Camus était une excellente personne, trés-obligeante, très-serviable. Elle offrit de fort bonne grâce la moitié de son lit à Virginie, lui conseillant de se reposer d'abord, maintenant qu'elle était à l'abri des poursuites de M. Perrin, car elle devait être bien certaine, puisqu'elle l'avait mis sous clef, qu'il ne viendrait pas la relancer jusque-là. Virginie ne se le fit pas dire deux fois, elle était très-fatiguée et se coucha, remettant au lendemain le soin d'aviser aux moyens qu'elle emploierait pour se délivrer de cet étrange individu.

Le lendemain, dès le grand matin, malgré le froid qu'il faisait, les fenêtres de la chambre à coucher de Virginie qui donnaient sur le quai de Saône étaient ouvertes.

Perrin, en bras de chemise, accoudé sur le balcon, fumait en fredonnant une chanson bachique, lorgnait effrontément toutes les petites laitières avec la lorgnette de Virginie (un magnifique bijou qu'il avait trouvé sur la cheminée), et se donnait les airs d'homme en bonne fortune et d'amant heureux. Tous les passants regardaient ce monsieur, surpris de le voir si légèrement vêtu quand le baromètre marquait quinze degrés au-dessous de zéro.

— Diantre! quelle chaleur! disaient les uns.

— Il paraît que la nuit a été *bonne,* disaient les autres.

Il fut malheureusement enlevé aux regards et aux commentaires des passants par l'arrivée subite d'un prosaïque commissaire de police, qui, accompagné de deux gendarmes, l'invita à les suivre pour donner des explications sur sa présence illicite au domicile de mademoiselle Virginie.

Il fallut bien déguerpir et suivre les gens de la police.

CHAPITRE V.

Tout penaud, l'oreille base, honteux et confus, Perrin remit son habit, et pour avoir un souvenir de celle qu'il aimait, *empocha sa lorgnette*, et suivit le commissaire, jurant tout bas qu'il se vengerait d'un pareil affront.

Il vociférait contre Virginie ; et ce n'était pourtant pas elle qui lui jouait ce tour, bien mérité : c'était madame Camus, qui, pendant que sa jeune camarade dormait encore, était allée sans hésiter requérir l'autorité.

Perrin n'en garda pas moins rancune à Virginie, bien que sa liberté ne fût point longtemps compromise.

Chaque fois qu'il la rencontrait, soit dans la rue, soit au théâtre, il la suivait toujours, la fatiguant de ses déclarations et de son éternel amour.

— Eh, monsieur ! gardez votre amour et rendez-moi ma lorgnette, lui disait-elle sans cesse.

Il n'en faisait rien ; il lui offrait toujours l'un et gardait toujours l'autre. Une lorgnette de dix louis! Virginie y tenait; pour la ravoir, elle fut obligée de la réclamer au seul homme qu'il craignît, à son cousin (le véritable marchand de sel), qui la lui fit restituer immédiatement.

Enfin, les extravagances de M. Perrin devinrent insupportables.

Un jour, en plein soleil, sur la place Bellecourt, il poursuivit Virginie le pistolet à la main, lui disant qu'il la *tuerait* si elle refusait encore de l'entendre..... De pareilles plaisanteries n'étaient pas faisables et devenaient très-inquiétantes. Virginie commençait à avoir réellement peur de ce fou furieux; dans son effroi, elle courut à la préfecture réclamer aide et protection. M. Carlier, l'ex-préfet de police de Paris, commissaire extraordinaire du gouvernement aux journées de décembre 1851, était alors employé ou secrétaire général à la préfecture de Lyon; il pourrait témoigner de l'exactitude de ce dernier fait, si quelque lecteur incrédule mettait en doute sa véracité.

Ce fut quelques jours après cette dernière algarade de M. Perrin, et pour échapper plus sûrement à ses folies, que Virginie se décida à quitter Lyon, qu'elle aimait et où elle était tant aimée.

CHAPITRE VI

Neuf mois à Bordeaux. — **Virginie prend au théâtre son nom de Déjazet.** — **Vingt-quatre heures de cave pour un élan d'enthousiasme.**

CHAPITRE VI

Neuf mois à Bordeaux. — Virginie prend au théâtre son
nom de Déjazet. — Vingt-quatre heures de cave
pour un élan d'enthousiasme.

Au commencement de l'année théâtrale 1820, c'est-à-dire aux vacances de Pâques, Virginie se rendit à Bordeaux, où l'appelait son nouvel engagement.

En arrivant dans cette ville, de tristes souvenirs assaillirent son cœur.

Elle venait à Bordeaux pour la première fois, et cependant ce pays ne lui était pas étranger;

sa sœur aînée, Hippolyte-Pauline Déjazet, actrice agréable, chanteuse distinguée, avait obtenu au grand théâtre de cette ville de légitimes succès, et souvent, bien souvent dans sa correspondance avec Virginie, elle lui parlait du public bordelais avec une chaleur, un enthousiasme qui prouvaient qu'elle n'était point ingrate, et que si le public l'honorait de ses bravos, elle avait pour lui un profond respect et une vive reconnaissance.

Malheureusement, quand Virginie vint à Bordeaux, sa sœur n'existait plus; elle était allée mourir à Brest d'une maladie de poitrine qui l'emporta à l'âge de vingt-neuf ans... mais son nom et ses aimables qualités vivaient encore dans tous les souvenirs.

Virginie était alors, comme aujourd'hui, très-superstitieuse. A la veille de subir les chances toujours dangereuses d'un nouveau début, elle pensa que son nom de famille, très-connu dans la ville, grâce au talent de sa sœur aînée, serait pour elle une sorte d'égide, de *parachute*.

Elle résolut donc de paraître désormais sous ce nom, sans abandonner cependant celui de Virginie, et les affiches du Théâtre-Français de Bordeaux annoncèrent la première représentation de *le Marin ou les deux Ingénues*, pour les débuts de mademoiselle Virginie *Déjazet*.

Déjazet réussit à Bordeaux aussi heureusement que la petite Virginie avait réussi à Paris et à Lyon! Elle attribua ses derniers succès à l'inspiration qui lui était venue de se mettre sous le patronage de son nom de famille. Mais nous, qui connaissons le public, et qui n'avons pas notre modestie engagée dans cette question, nous croyons pouvoir affirmer que son talent seul lui méritait ce nouveau succès, et que le souvenir de sa sœur n'y contribua pour rien.

Le public ne tient compte aux comédiens que de leur propre mérite, et le mérite du père ou de la sœur nuit à la sœur ou à l'enfant, loin de les servir; car le talent n'est pas héréditaire, et cependant le public semble l'ignorer. *Talent oblige*, à ce qu'il prétend. Oui, si Dieu avait fait les intelligences égales ; mais il ne l'a pas fait, il ne l'a pas voulu.

Virginie Déjazet jouait à Bordeaux tous les beaux rôles créés à Paris par Minette, par Rivière et par Flore ; on l'applaudissait chaque soir, soit dans *Jeanne d'Arc*, du Vaudeville, soit dans le muet du *Chien de Montargis*, qu'elle apprit du jour au lendemain, soit dans *les Oies du frère Philippe,* dans *le Pied de Mouton,* dans *le Belvédère,* dans *le Petit Candide,* toutes pièces oubliées et inconnues de la génération nouvelle, toutes pièces à succès cependant, et à succès plus durables que ceux d'aujourd'hui.

Elle joua aussi l'amoureuse de *Monsieur Sans-Gêne,* encore un rôle qu'elle apprit en vingt-quatre heures, pour faciliter les représentations de Lepeintre, qui passait un mois à Bordeaux, de ce bon Lepeintre, qui fut le doyen des comédiens en activité, de ce digne et honnête Lepeintre aîné, qui, malgré ses cinquante-cinq années de pratique, avait conservé toute la verdeur, toute la fougue, tout l'entrain, toute la vivacité d'un homme de quarante ans, et pouvait encore servir de modèle aux artistes qui aimaient le comique sans charges et le dramatique sans exagération, lorsque, après une si longue et si honorable carrière, il mit fin à ses jours d'une façon si tragique.

Campenot, le premier ténor, Tautin, Bertin et plusieurs autres artistes de Lyon, étaient venus aussi à Bordeaux à la même époque que Virginie Déjazet.

La joyeuse caravane passa onze jours en voiturins pour faire le trajet : j'ai déjà dit avec quelle lenteur on voyageait alors.

Virginie Déjazet poursuivit avec une nouvelle ardeur le cours de ses laborieux travaux. L'époque de son retour à Paris était prochaine ; elle voulait justifier au Gymnase la bonne opinion que Potier, Lepeintre et Gontier avaient de son jeune talent.

Elle passait ses journées entières à étudier non-seulement des rôles nombreux, ce qui eût absorbé toutes les facultés d'une nature moins richement douée que la sienne, mais encore à lire et relire Molière, Beaumarchais, Béranger, cherchant à se pénétrer du génie immortel de l'un et de l'esprit philosophique des deux autres. Elle fit mieux que de s'en pénétrer, elle les comprit.

Ce penchant prononcé, cette affection particulière et constante, cette enthousiaste admiration pour ces trois noms impérissables, ce culte sacré qu'elle avait, qu'elle a toujours pour leurs œuvres, suffiraient à prouver la supériorité de l'esprit de Déjazet, si chaque jour elle ne se chargeait elle-même de nous la faire apprécier, et sur le théâtre, et dans sa correspondance intime, et dans ses ravissantes causeries du coin du feu.

Les heures que Déjazet dérobait à ses auteurs chéris, à ses aimables et ravissants compagnons de solitude, elle les consacrait à l'étude de la musique, elle les passait au grand théâtre de Bordeaux, où elle avait ses entrée libres, à entendre Gluck, Grétry, Boïeldieu; elle avait une passion très-vive pour l'opéra, et le charme que produisait sur son organisation l'audition des chefs-d'œuvre de ces grands maîtres était tel, qu'il lui faisait tout oublier.

Un soir qu'elle assistait dans la coulisse à une représentation de *la Princesse de Babylone*, opéra en trois actes, dont la musique était de Kreutzer et le poëme de Vigée, la chanteuse qui jouait la princesse l'impressionna tellement, qu'elle se précipita sur la scène sans y songer, alla prendre les mains de la cantatrice en lui criant :

— Bravo! bravo, madame! Jamais je n'entendis chanter ainsi. Puis elle se jeta à son cou et l'embrassa avec effusion.

Tous les véritables artistes comprendront la spontanéité de ce mouvement enthousiaste.

Le public même le comprit; car dès qu'il

eût reconnu Déjazet sous sa modeste toilette du dix-neuvième siècle, qui contrastait étrangement avec le magnifique costume tout couvert d'oripeaux de la princesse de Babylone, il se mit à applaudir avec frénésie cette entrée involontaire, ce généreux élan du cœur.

Il est inutile de peindre la confusion de Virginie, on la devine aisément ; elle ne savait plus comment sortir de scène, elle se sauva avec la prestesse d'une jeune biche aux abois. Mais tout n'était pas fini.

Le lendemain, elle reçut une invitation de se rendre immédiatement chez le commissaire général de la police. Cette invitation l'étonna et l'inquiéta plus encore. Cependant elle s'y rendit. On la fit longtemps attendre, puis enfin on l'introduisit dans le cabinet du commissaire général.

Ce commissaire, tout de noir habillé, était occupé à écrire quand elle entra ; il ne se dérangea point, il ne la regarda même pas, il continua son travail, laissant échapper lentement et froidement ces seules paroles :

— Que me voulez-vous?

— C'est précisément, monsieur, la question que j'allais avoir l'honneur de vous adresser.

A cette réponse faite d'un ton bref et assuré par cette petite voix féminine, la main du commissaire, qui courait rapidement sur le papier, s'arrêta tout à coup.

Il posa sa plume, regarda attentivement Déjazet, et lui demanda qui elle était.

— Ma foi, monsieur, vous devez le savoir, puisque vous m'avez intimé l'ordre de me rendre immédiatement ici.

Et elle présenta au commissaire le billet d'invitation qu'elle avait reçu la veille, billet très-laconique, ainsi qu'on peut en juger; il était ainsi conçu :

« Mademoiselle Virginie Déjazet, actrice au

» Théâtre-Français de Bordeaux, passera dans
» le plus bref délai au cabinet de monsieur le
» commissaire général, pour affaire qui la con-
» cerne. » Signé : B...

La signature était illisible, mais elle était accompagnée du timbre de la mairie, ce qui lui donnait un caractère sérieux et légal.

Le commissaire lut silencieusement ce billet, puis s'écria :

— Ah ! ah ! c'est vous ?

— Moi-même, monsieur le commissaire.

— Virginie Déjazet ?

— Oui, monsieur.

— Vous êtes depuis peu de temps à Bordeaux ?

— Depuis trois mois.

— Vous savez, mademoiselle, quelle peine vous avez encourue hier soir ?

CHAPITRE VI.

— Quelle peine, monsieur?

— Vous êtes condamnée à *vingt-quatre heures de prison.*

— Moi, condamnée à vingt-quatre heures de prison! Et pourquoi, je vous prie?

— Vous n'avez donc pas lu le règlement de police. Il est affiché au foyer cependant.

— Quel règlement de police?

— Celui qui concerne les théâtres de la ville.

— Je ne l'ai point lu.

— C'est un tort, mademoiselle.

— Quand on n'a rien à démêler avec la police, je pense qu'il est inutile de connaître ses arrêtés; je n'ai rien fait qui puisse mériter ses regards et moins encore ses reproches.

— Pardonnez-moi, mademoiselle, vous êtes en contravention.

—En contravention! moi? et comment.

— Lisez l'article 13, mademoiselle?

— Et que dit l'article 13?

« *Tout acteur ou actrice jouant ou ne jouant*
» *pas, qui se fera voir des coulisses de son théâ-*
» *tre aux spectateurs pendant le cours d'un ou-*
» *vrage en représentation, sera passible d'une*
» *amende de* VINGT-CINQ FRANCS *au bénéfice des*
» *pauvres, et de* VINGT-QUATRE HEURES DE PRI-
» SON. »

— Pas possible !

— C'est tellement possible, mademoiselle, que j'ai le douloureux regret de vous annoncer que dès ce moment vous êtes ma prisonnière.

— Monsieur le commissaire plaisante ?

— Jamais, mademoiselle. On va vous conduire, avec tous les égards possibles, à la cave.

— Comment, à la cave ?

— Oui, mademoiselle ; c'est ainsi qu'on a surnommé la maison d'arrêt.

— Mais, monsieur le commissaire, je ne me suis pas fait voir *des coulisses* aux spectateurs.

— Le rapport qu'on m'a fait le dit.

CHAPITRE VI.

— Le rapport qu'on vous a fait?... Vous n'avez donc pas vu, de vos yeux vu?

— Je ne vais jamais au Théâtre-Français, mademoiselle ; je n'aime que l'opéra.

— Vous aimez l'opéra, monsieur le commissaire, Dieu soit loué ! alors vous me comprendrez...

— Comment ?

— Moi aussi, j'adore la musique, et c'est mon amour pour Kreutzer qui m'a rendue coupable du délit que vous m'imputez.

— Je ne vous comprends pas, mademoiselle.

— Sachez, monsieur le commissaire, qu'on jouait hier soir au grand théâtre...

— *La Princesse de Babylone,* — s'écria vivement et avec un gros soupir le fonctionnaire public... — Hélas !... je n'ai pu assister à cette représentation, et je le regrette bien ; mais une importante affaire...

— Ah ! c'était une soirée magnifique... vous avez perdu, monsieur.

— Vraiment ? Comment a chanté *Cécile ?*

— Qui ça, Cécile ? La princesse de Babylone ?

— Oui !

— Ah ! monsieur, comme un ange. Quelle voix ! quelle méthode ! quel goût !...

— N'est-ce pas ?... — dit le commissaire tout ému. — Mais asseyez-vous donc, mademoiselle, asseyez-vous.

Déjazet s'assit, il s'approcha d'elle; le sévère magistrat avait déridé son front, la jubilation était répandue sur tous ses traits, il était radieux.

— N'est-ce pas, reprit-il, qu'elle a un véritable talent ?

— *Elle !* Ah ! monsieur..... un talent de premier ordre...

— N'est-ce pas qu'elle devrait être à Paris ? N'est-ce pas que l'Académie royale de Musique n'a pas un sujet pareil ?

— Assurément.

CHAPITRE VI.

— Eh bien, mademoiselle, on ne peut parvenir à lui faire obtenir des débuts; les intrigues de toutes sortes lui ferment les portes de l'Opéra.

— Quelle injustice!

— N'est-ce pas?....

— Je la préfère cent fois à mademoiselle Allan et à toutes les cantatrices de la capitale.....

— Vous avez le sentiment du beau, mademoiselle, cela vous mènera loin.

— Oui. Oui, cela me mènera... d'abord à la cave pour vingt-quatre heures.

— Que voulez-vous dire?

— Je veux dire, monsieur, qu'hier dans un élan d'enthousiasme pour *elle*, pour la princesse de Babylone, à la fin du grand air qu'elle chante...

— Délicieusement!

— Adorablement!

— Divinement ! ! ! !

— Inimitablement ! ! ! ! ! exclama Déjazet, qui renchérissait toujours sur chaque adjectif qualificatif du magistrat amoureux... eh bien, à la fin de son grand air, j'étais si transportée.....

— Je conçois.

— Si émue...

— Il y avait de quoi.

— Si véritablement enthousiasmée, que j'oubliai tout, et qui j'étais, et ce que je faisais...

— Je comprends parfaitement cela.

— Vous comprenez parfaitement. Ah ! tant mieux ! Eh bien, monsieur le commissaire, dans mon trouble, dans mon enthousiasme, j'entrai comme une folle sur la scène, je me précipitai dans les bras de la princesse de Babylone...

— Ah bah !...

— Et je l'embrassai de tout cœur.

— Charmante fille ! s'écria le commissaire en pressant les mains de Déjazet.

— Je pleurais, tant j'étais heureuse d'entendre un si beau talent.

— Et moi, je sens une larme rien qu'à votre récit, dit le magistrat en se mouchant bruyamment.

— Je suis sûre, monsieur le commissaire, que vous auriez fait comme moi.

— Ma foi, oui.

— Seulement vous ne vous seriez pas envoyé le lendemain en prison.

— Ma foi, non.

— Et voilà la justice...

— La justice est juste, mademoiselle, reprit le commissaire en cherchant à rendre à sa physionomie sa sévérité accoutumée. — Voyons relisons ensemble l'article 13..... « *Tout acteur* » *ou actrice jouant ou ne jouant pas, qui se fera* » *voir dans les coulisses.....* »

— D'abord, monsieur le commissaire, interrompit Déjazet, je n'étais point dans les coulisses, mais sur la scène.

—C'est vrai, reprit le magistrat, l'article 13 dit : « *qui se fera voir dans les coulisses de son théâtre.* »

— *De son théâtre*, s'écria Déjazet en pesant sur chaque mot. — Or, j'appartiens au personnel du Théâtre-Français, et non à celui de l'Opéra; donc, l'Opéra n'étant pas mon théâtre, il n'y a pas lieu à l'application de la peine, à moins que vous ne prétendiez que l'esprit de l'article......

— L'esprit de l'article ne saurait lutter contre le vôtre, mademoiselle ; je vous fais grâce de la prison.

— Et l'amende ?

— L'amende, je la maintiens, mais j'en modifie la nature.

— Je ne comprend pas.

— Pour seule amende je vous impose l'obligation de me permettre de vous rendre votre visite. Nous parlerons musique.

CHAPITRE VI.

— Et de la princesse de Babylone, ajouta malignement Déjazet, puis elle se leva.

Le commissaire général la reconduisit en souriant jusqu'à la porte de son cabinet.

Très-certainement Déjazet n'en eût pas été quitte à si bon compte si ce digne magistrat n'eût eu un goût très-prononcé pour l'opéra, et particulièrement pour *la princesse de Babylone.*

CHAPITRE VII

Élisa Jacops. — Retour à Paris. — Débuts au Gymnase.— Service rendu, impertinence reçue.

CHAPITRE VII

Élisa Jacops. — Retour à Paris. — Débuts au Gymnase. —
Service rendu, impertinence reçue.

Élisa Jacops était aussi à Bordeaux en 1820. Cette petite personne détestait cordialement Déjazet, et comme elle était assez jolie femme et fort peu cruelle, elle comptait beaucoup d'amis. Élisa Jacops était adroite autant que fine; elle avait dans ce temps-là une voix assez fraîche, qu'elle maniait avec goût; elle avait un petit air assez malin, mais point d'originalité, point de composition, point d'étude; elle était paresseuse avec délices, vivait sans frein et sans mesure, et faisait un étrange abus du champagne, qu'elle affectionnait particulièrement. Élisa Jacops était plutôt une viveuse qu'une artiste, une femme de plaisir qu'une comédienne.

Ce genre d'actrices a existé de tout temps. Mais que deviennent ces reines de la mode, après avoir obtenu un succès d'un jour?... Ainsi qu'Élisa Jacops, elles disparaissent, usées avant l'âge, n'ayant plus à trente ans ni gentillesse, ni enjouement, ni grâce, ni jeunesse, ni beauté.

Élisa Jacops, en 1820, était la rivale de Virginie Déjazet; elle lui disputait les rôles, elle lui disputait ses succès; souvent la cabale lui faisait des ovations triomphales, et quelquefois même elle méritait ces ovations. Aujourd'hui, qu'est-elle devenue? Où est-elle? Qui le sait?... Cependant elle vint à Paris débuter au Gymnase, puis au théâtre de la Porte-Saint-Martin, dans *le Fifre et le Tambour*. Elle passa un instant aux Variétés... elle passa sans laisser sa trace.

Trente-cinq années se sont écoulées depuis

cette époque où la belle Élisa Jacops se disait, se croyait l'émule, l'égale en talent de Virginie Déjazet. Aujourd'hui Virginie Déjazet brille dans tout l'éclat d'un talent incontestable et incontesté, d'un talent hors ligne et universellement admiré. Virginie Déjazet compte ses jours par ses succès. Aujourd'hui, qui se souvient d'Élisa Jacops?

Et cependant, je le répète, cette actrice promettait à Bordeaux un sujet distingué; elle avait assez d'influence et de qualités naturelles pour disputer le terrain à Déjazet et la gêner singulièrement, en lâchant la meute de ses adorateurs et de ses adorés contre les succès de sa rivale.

Il paraît qu'il était écrit que Déjazet devait toujours rencontrer sur sa route une barrière, élevée soit par les intrigantes, soit par les sultanes favorites.

Au Vaudeville, pas moyen d'avancer : Minette régnait en souveraine; mais Minette avait un talent incontestable; s'effacer devant elle était justice.

Aux Variétés, impossible d'avoir un rôle : Pauline, la sultane favorite du pacha Brunet, était ombrageuse en diable.

A Lyon, il fallait arracher les rôles un à un à madame Ugens, autre sultane, qui les accaparait tous.

A Bordeaux, il fallait encore se disputer chaque jour avec Élisa Jacops, qui, par ses faiblesses de jolie femme, était devenue très-forte en se créant adroitement, parmi les abonnés, de nombreux partisans, qui la défendaient avec d'autant plus de zèle, qu'ils savaient que jamais elle n'oubliait de récompenser largement ses défenseurs.

La lutte dura donc pendant les neuf mois que Virginie Déjazet resta à Bordeaux; mais, pour l'honneur bordelais, il faut avouer que le talent l'emporta sur les œillades, les intrigues et le commerce galant d'Élisa Jacops. Déjazet prit le pas dans l'opinion publique sur sa rivale.

Elle ne profita pas longtemps de sa victoire, l'administration fit faillite, et la troupe se trouva désorganisée.

Beaujolais, le nouveau directeur, homme adroit et honnête s'il en fut, homme aux yeux *de linge*, ainsi qu'il le disait lui-même quand il voulait faire parade de sa finesse et de sa pénétration, Beaujolais voulut garder Déjazet. Mais elle était trop désireuse de rentrer dans son cher Paris pour ne pas profiter d'une circonstance qui lui permettait d'y retourner trois mois plus tôt qu'elle ne l'espérait d'abord. Elle refusa donc toute proposition et se rendit en toute hâte à Paris.

Elle arriva dans la capitale du monde artistique le 26 janvier 1821.

Sa première visite fut pour sa famille,

mais la seconde fut pour M. Delestre-Poirson administrateur habile du Gymnase-Dramatique.

Elle brûlait du désir de voir cette nouvelle salle de spectacle, qu'on disait si coquette, si élégante; elle brûlait plus encore du désir de connaître ses nouveaux camarades, au nombre desquels elle allait retrouver Gonthier.

Le Gymnase-Dramatique ouvrit le 23 décembre 1820, sous la direction de M. de la Roserie et l'administration de MM. Poirson et Cerfbeer; les régisseurs étaient MM. Dormeuil et Lachabeaussière. Quand Déjazet arriva, il y avait donc un mois à peine que les représentations s'effectuaient régulièrement dans cette jolie bonbonnière construite, comme on le sait, en trois mois, sur l'emplacement de l'ancien cimetière Bonne-Nouvelle. (Un théâtre sur l'emplacement d'un cimetière! O Français!!!)

Déjazet passait toutes ses soirées à voir jouer

CHAPITRE VII.

le Boulevard Bonne-Nouvelle; c'était la pièce d'ouverture, un vaudeville en un acte de MM. Scribe, Moreau et Mélesville; puis *l'Amour médecin*, de Molière.

Le Gymnase avait alors le droit de représenter toutes les anciennes pièces de la scène française et du théâtre Feydeau, à la seule condition de les réduire en un acte. Aussi les administrateurs firent-ils la mauvaise plaisanterie de donner *la Fée Urgèle* et *le Dépit amoureux*, estropiés et réduits à rien par leurs ciseaux.

Elle vit encore jouer *l'Amour platonique, la Maison en loterie, une Visite à la campagne*, et enfin *Caroline*, charmant petit vaudeville de Scribe et Ménissier.

Elle vit défiler sous ses yeux dans tous ces ouvrages une grande partie de cette excellente troupe d'artistes, composée alors de Perlet, Gonthier, Bernard-Léon, Dormeuil, Désessart, Sarthé, Duvernois, Camel, Narcisse, Perrin, Chalbos, Dangremont, Provenchère, Émile

Vaillat; de mesdames Grévedon, Esther Dormeuil, Lalande, Kuntz, Sarda, Lacaille, Hugot, Saint-Aubin-Fleuriet, et d'autres dont les noms m'échappent.

Le rare ensemble avec lequel marchaient tous les ouvrages lui parut merveilleux. M. Poirson lui demanda dans quelle pièce et par quel rôle elle voulait débuter. Elle choisit le rôle de Marianne, dans *Caroline*. Cette pièce avait été créée au Vaudeville; mais le 30 décembre 1820, elle fut reprise au Gymnase, et ce personnage de Marianne, établi dans l'origine par Minette, était tombé dans les mains de mademoiselle Fitzelier. Virginie Déjazet s'en empara à son tour, et débuta donc dans *Caroline*. Malgré la peur qui paralysait ses moyens, elle réussit complétement. Ses directeurs la félicitèrent, et dès son premier début, elle prit bonne posture dans le théâtre. Elle attendait avec impatience sa première création : la venue de Léontine Fay mit fin à son attente. Scribe et Mélesville écrivirent *la Petite Sœur*, et lui confièrent le rôle de Léon, jeune élève d'un lycée.

CHAPITRE VII.

Le 6 juin 1821, les comédiens ordinaires de Son Altesse Royale Madame la duchesse de Berry jouèrent, pour la première fois, *la Petite Sœur*, et Virginie Déjazet fit sa première création devant *Madame*, qui la trouva charmante, peut-être parce qu'elle lui ressemblait.

Dans cette pièce Déjazet terminait un couplet ainsi :

« Toujours unis, marchons tous à la gloire
» Et donnons-nous la main. »

C'est à M. Duvernois qu'elle adressait ces paroles. Cet honnête M. Duvernois courut en effet après la gloire, mais il ne put l'atteindre, comme tant d'autres : quant à Bernard-Léon, il n'attrapa qu'une plume de son aile ; cette plume lui resta dans la main, et la gloire s'échappa ; Léontine Fay et Déjazet parvinrent seules à attraper et à retenir prisonnière cette infidèle et vaniteuse sœur du Caprice !...

Ce mois de juin de l'an de grâce 1821 fut très-fertile en succès pour Déjazet. Le 23, elle créa Madeleine dans *le Comédien d'Étampes*, délicieuse petite comédie de Moreau et Sewrin, dans laquelle Perlet s'est élevé à une telle hauteur, que le rôle du comédien Dorival est toujours resté le plus beau fleuron de sa couronne d'artiste.

Il fallait un véritable mérite pour parvenir à se faire remarquer à côté de Perlet. Déjazet y parvint cependant. Dans Madeleine elle était adorable tant elle était vraie ; c'était un rôle de petite paysanne, la femme d'un jardinier. Il fallait l'entendre chanter ce couplet de facture :

 « Est-c' que les demoiselles
» Peuv'nt toujours
» Dans l's amours,
» Consulter l'auteur d' leurs jours ?
» Celui qui sait nous plaire,
» C'est le fils du notaire,
» M'sieu Dupré,
» Qu'à not' gré
» J' trouvons.... »

— «Tais toi (interrompait M. Corbin).

« J' parlerai. »

Ce *j'parlerai* était le dernier mot du couplet,

CHAPITRE VII.

et, n'en déplaise à MM. Moreau et Sewrin, ce n'était vraiment pas là une chute bien extraordinaire. Mais Déjazet disait ce *j'parlerai* avec une expression tout à la fois si impérative et si franchement comique, elle le lançait avec une résolution si positive, il y avait tant d'indépendance féminine, de hardiesse et d'obstination campagnarde dans ce *j'parlerai*, qu'elle produisait un prodigieux effet; et ce mot banal que les auteurs avaient mis là, plutôt comme une cheville que comme un trait d'esprit, devint un des mots les plus heureux de la pièce, grâce à Déjazet.

Son couplet dans le vaudeville final, adressé à Baptiste, le jardinier, son époux, n'était pas moins applaudi; elle était pétillante d'esprit et de finesse quand elle patoisait cette prose rimée :

« Je suis bien aise ici de te l' dire,
» Moi j'aimons qu' la réalité.
» Quand tu m' contais ton doux martyre,
» De ton amour j' n'ons point douté.
» D'puis six mois c'est la même antienne

« J' la crois franch'!... mais souviens-toi bien
» Qu' je t' s'rais fidèle en comédienne
» Si tu faisais le comédien. »

Il est vrai qu'il était plus facile de tirer bon parti de ce couplet que du premier; au moins dans celui-ci il y a un trait, une pointe, quelque peu impertinente même ; il ne s'agissait que de faire sentir l'intention, ce que Déjazet fit avec ce tact qui n'appartient qu'à elle.

Ce fut encore au mois de juin, le 28, que Déjazet créa le rôle d'Octave de Balainville dans *le Mariage enfantin*, petit acte de Scribe et C. Delavigne, écrit pour Léontine-Fay et Déjazet. Cet Octave de Balainville était l'amant de Cécile de Mireval, petite fille de dix à onze ans : cette petite fille, c'était Léontine. La pièce eut un succès de cent représentations, grâce à ses deux gentilles interprètes. Perlet complimenta Déjazet, qu'il trouvait charmante.

Puisque le nom de Perlet vient sous ma plume, je ne passerai point sous silence certaine anecdote qui n'est point à la louange du grand artiste, il est vrai, mais qui doit ici trouver sa place, ne fût-ce que pour servir d'avertissement et de leçon à ceux qui seraient assez faibles pour compromettre leur talent afin d'obliger des camarades égoïstes et ingrats.

On sait que Perlet fut sur le point d'être engagé à la Comédie-Française. Il désirait se faire entendre dans le haut trottoir, et comme le théâtre du Gymnase avait, par son privilége, le droit de jouer Molière, il proposa de monter *le Dépit amoureux*, comptant faire sensation dans le rôle de Gros-Réné.

A la veille de jouer la pièce pour un bénéfice, on s'aperçut que personne ne savait Marinette. Impossible cependant de jouer *le Dépit* sans une Marinette.

Toute la salle était louée à l'avance, la recette promettait d'être superbe, et Perlet tenait essentiellement à jouer Gros-Réné.

Pour y parvenir, il alla trouver Déjazet, et la

7.

supplia de lui rendre le service d'apprendre Marinette pour le lendemain.

— Comment, en moins de vingt-quatre heures! s'écria Déjazet, très-effrayée d'une semblable proposition.

— Ma chère enfant, si vous refusez, non-seulement vous ferez manquer le bénéfice, mais encore vous me chagrinerez beaucoup, car je tiens essentiellement à jouer demain ce rôle. Nous aurons une superbe chambrée, et le succès vous récompensera de votre complaisance.

— Mais je ne saurai point ; songez-y donc, du Molière?...

— Bah ! vous avez une mémoire extraordinaire ; il ne faut jamais douter de soi... Allons, ma bonne Virginie, faites cela pour moi, *et je ne l'oublierai de ma vie, je vous le jure.*

— Cela vous ferait donc bien plaisir?

— C'est-à-dire que *je vous en aurai une reconnaissance éternelle.*

CHAPITRE VII.

— Vrai?

— *Parole d'honneur!*

— Eh bien, je passerai la nuit, et je jouerai demain Marinette!

— *Merci, merci, merci,* bonne et excellente camarade!

Perlet court dire qu'on peut afficher.

Déjazet soupe, allume un bon feu, et passe la nuit à apprendre Marinette.

Le lendemain, à la répétition, elle savait à la lettre; mais sa tête était en feu, sa mémoire tendue, son esprit inquiet: elle avait peur.

— Perlet l'embrasse, lui dit qu'elle avait été charmante et *qu'il la préférait à Mademoiselle Dupont.*

L'heure de la représentation approchait, et la peur de Déjazet grandissait. Elle ne dîna point tant elle était préoccupée, inquiète.

Enfin le rideau se lève, la pièce commence, et Déjazet, le cœur bondissant, la bouche sèche, tremblante d'émotion, entre en scène. Elle perd son aplomb, elle ne songe qu'à ne se point tromper et se trompe par cette raison même, estropie quelques vers, raccourcit ceux-ci, allonge quelque peu ceux-là, mais cependant traverse la pièce, arrive à la fin sans accident, et sans avoir manqué une seule réplique à Perlet.

Jamais Déjazet n'avait eu pareille émotion, jamais elle n'avait fait à Paris pareil tour de force, jamais elle n'avait eu si peur et passé une journée aussi pleine d'anxiété.

Elle s'était volontairement condamnée à ce supplice de vingt-quatre heures, dans le seul but d'être agréable à Perlet, elle s'attendait donc tout naturellement à ce qu'il la remerciât: c'était bien le moins que lui dût ce camarade, qui le matin encore jurait *qu'il n'oublierait jamais un pareil service, et qu'il en garderait une reconnaissance éternelle.*

CHAPITRE VII.

Eh bien, le rideau était à peine baissé, que Perlet se retourna vers Déjazet et lui dit à haute et intelligible voix :

—Vous *avez joué comme une huître.*

Je demande pardon d'écrire un tel mot, mais il est historique. Puis Perlet tourna le dos, remonta à sa loge, et ne parla plus de la soirée.

Telles furent les expressions de sa reconnaissance éternelle.

Le lendemain, on voulut jouer de nouveau *le Dépit amoureux,* mais Déjazet refusa.

M. Poirson, qui avait entendu l'impertinence de Perlet, retira la pièce de l'affiche, et Déjazet ne joua plus *le Dépit amoureux.*

CHAPITRE VIII

Sept années au théâtre du Gymnase (1821-1827). — Voyage à Dieppe. — Rupture.

CHAPITRE VIII

Sept années au théâtre du Gymnase (1821-1827). —
Voyage à Dieppe. — Rupture.

Virginie Déjazet joua un grand nombre de rôles au théâtre du Gymnase.

Le 24 mai 1822, elle créa la jeune Adeline de Préval dans *la Meunière*, opéra-comique en un acte de Scribe et Mélesville, dont Garcia avait composé la musique.

Le 28 septembre, Scribe lui donna Tiennette de son *Nouveau Pourceaugnac*.

Le 14 janvier 1828, il lui fit établir le rôle du petit Jacob dans *la Loge du Portier;* puis, le 16 juin de la même année, Madeleine dans *Partie et Revanche.*

Le 18 août, Mimi dans *les Grisettes.*

Le 19 septembre, Mazères et Romieu firent jouer *le Bureau de Loterie;* elle créa dans cette pièce le rôle de Joséphine.

Le 20 septembre, elle créa Louise dans *Rodolphe*, une des plus délicieuses pièces de Scribe, le plus fécond, le plus habile, le plus heureux auteur dramatique du siècle.

Le 13 mars 1824, Théaulon et Ramon de la Croisette durent à Déjazet le succès des *Femmes romantiques.*

Le 21 octobre, elle fut très-agaçante dans la

petite couturière Joséphine du *Bal champêtre,* joli petit acte de Scribe et Dupin.

Scribe et Mélesville lui donnèrent encore, le 1er décembre, l'occasion de se faire applaudir dans *M. Tardif.* Son rôle d'Antonine dans *Le plus beau Jour de la vie* lui valut les éloges les plus flatteurs de S. A. R. Madame la duchesse de Berry.

Enfin on la vit jouer tour à tour dans *le Baiser au porteur, le Coiffeur et le Perruquier, les Petites Saturnales, la Haine d'une femme, l'Écarté, la Nouvelle Clary, la Famille normande,* et quantité d'autres pièces dans lesquelles elle portait avec une égale facilité soit l'habit masculin, soit le jupon court de la paysanne aux bas bleus, soit le bonnet *enrubané* de la grisette du faubourg. Collégien, amoureux, paysanne, ou grisette, aucun costume ne l'embarrassait; rien ne la gênait, tout lui était familier. C'est que les artistes qui ont un tel mérite sont doués d'un sentiment exquis, d'une rare pénétration, d'une facilité incroyable; ils ont la faculté de tout observer, de tout retenir, de tout reproduire. Ils puisent en eux-mêmes cette science divinatoire, grâce à laquelle ils parviennent à exprimer toutes les passions, même celles qu'ils n'ont point éprouvées, même celles dont ils n'ont pu étudier les effets sur autrui. Les artistes hors ligne, tels que Déjazet, ont réellement un sixième sens, qu'on peut appeler *la vue intérieure.*

Ont-ils a créer un type nouveau, ils s'enferment, s'isolent; livrés à la solitude inspiratrice, ils descendent en eux-mêmes, et parviennent à voir passer dans leur cerveau, véritable miroir humain, le type qu'ils cherchent, le personnage qu'ils veulent créer. Alors leur mémoire garde fidèlement le souvenir de cette apparition; leur nature souple, docile, obéit à leur volonté inflexible, prend la forme, l'allure, le geste, l'expression, l'empreinte du personnage que leur imagination fantastique a évoqué, créé, et que leur intelligence scénique reproduit exactement trait pour trait.

Les artistes supérieurs, comme Déjazet, pos-

CHAPITRE VIII.

sèdent encore cette rare faculté de se voir eux-mêmes et de s'entendre; c'est en partie à ce don favorable, exceptionnel, qu'ils sont redevables de leur supériorité.

Par leurs propres yeux, ils voient l'original qu'ils veulent copier; par leurs propres yeux, ils voient si leur copie ressemble à l'original; ils corrigent d'eux-mêmes, sans besoin d'avis étranger, jusqu'à ce qu'original et copie ne puissent plus être différenciés par personne.

M. Poirson et ses auteurs reconnurent l'intelligence distinguée, la justesse du raisonnement et l'esprit d'analyse de Virginie Déjazet; ils commençaient à écouter ses observations, à lui permettre d'avoir un avis; quelquefois même ils en tenaient compte, ce qui était chose rare, car les directeurs avaient pris la singulière habitude de se poser sur leur avant-scène en professeurs dramatiques; ils indiquaient à leurs artistes telle inflexion, telle attitude, tel geste, tandis que l'auteur, de son côté, leur demandait souvent le contraire.

Cette habitude contractée par M. Poirson, et que MM. Dormeuil, Dumas, Scribe, semblent vouloir perpétuer comme une excellente tradition, est tolérable, sans doute, quand elle est justifiée par une connaissance réelle de l'art, appuyée sur un goût délicat, une longue expérience des exigences scéniques, et surtout par cette rare entente de la mise en scène, don particulier, spécial, faculté créatrice, que possédait si bien M. Poirson, et que MM. Alexandre Dumas, Scribe, Dormeuil, Montigny et Hostein ont aussi.

Mais quand cette habitude est adoptée par des directeurs qui la font dégénérer en manie, par des régisseurs inintelligents et quelquefois pauvres de savoir et d'esprit, par des auteurs d'un jour, ou même par ces *grands paradoxistes,* dont les ouvrages sont grotesquement incompréhensibles, et qui n'entendent rien, *absolument rien,* au théâtre, bien que leurs cerveaux malades aient enfanté une douzaine de pauvres avortons en cinq actes et dix-sept tableaux, plus ou moins ;

CHAPITRE VIII.

Quand cette nombreuse race d'incapables, d'ignorants et d'orgueilleux pédants, veut s'ériger en professeurs et enseigner ce qu'elle ignore à des gens qui exercent leur art depuis de longues années, et qui ont acquis, sinon du talent, au moins de l'expérience, qu'arrive-t-il ? il arrive que l'exécution des pièces est détestable.

Les acteurs timides, modestes, deviennent alors de véritables machines parlantes.

Pour obéir à celui qui les paye et à ceux qui les produisent en leur confiant des rôles (eh ! mon Dieu ! souvent aussi pour conserver leurs places d'où dépend le pain de leurs familles !), ils se résignent à ne faire que ce qu'on leur montre, ils renoncent à leur propre jugement, afin d'éviter toute discussion, et pour ne point s'exposer à quelque impertinente réponse. Cette résignation forcée tue toute initiative, toute originalité.

L'esprit devient paresseux ; il ne cherche

plus, habitué qu'il est à ce qu'on trouve pour lui ; et comme on n'exécute généralement bien que ce qu'on a conçu et pensé soi-même, ne pensant plus, on perd la faculté créatrice, on arrive insensiblement, je le répète, à l'état d'élève de Vaucanson.

Et cependant la timidité, la modestie, n'excluent point le talent, seulement l'obsession le paralyse.

Ces acteurs complaisants ont beau suivre tous les conseils, malgré cela les pièces sont jouées avec une monotonie désolante ; cette monotonie s'explique.

Le directeur ou l'auteur n'a qu'une nature, comme il n'a qu'une voix, qu'une façon de sentir ; or, l'expression fidèle de la pensée ne peut se traduire que par l'inflexion très-juste et très-précise de la parole. J'admets que ces messieurs parlent juste, ce qui n'est pas toujours exact. — Enfin je le suppose. — Mais je n'admets point qu'ils aient les dix ou douze tempéraments, caractères, individualités des personnages qui agissent dans un drame ou une comédie, et ces messieurs ont la prétention de les indiquer tous.

Les artistes complaisants choisissent d'abord l'inflexion, chose très-facile, et il advient de cette copie que tous les personnages d'une pièce ont une uniformité d'allures, de diction, dont l'auteur ou le directeur-professeur est la seule cause. La monotonie dans l'exécution est le pire des défauts.

Les acteurs qui ont, au contraire, la conscience de leur propre valeur, secouent le joug, n'obéissent qu'à leurs propres inspirations, reçoivent les conseils, mais ne les subissent point. Indépendants, volontaires et *chercheurs*, ils aiment la discussion, ne la redoutent pas, elle les éclaire ; ils n'exécutent que ce qu'ils conçoivent, ils ne connaissent d'autres maîtres que le naturel, l'art et la vérité.

Mais avant que directeurs et auteurs se décident à permettre aux artistes leurs franches allures, avant qu'ils leur accordent le droit de tout dire, la liberté de tout oser, que de combats ces artistes n'ont-ils pas à soutenir! que de victoires n'ont-ils pas dû remporter!... Demandez à Frédérick Lemaître, à Bouffé, à Mélingue, à Fechter, à Bressant, à Bataille, à Tisserant, à Rose-Chéri, à Déjazet!

Ne croyez pas au moins qu'on vous laisse aisément la facilité de prouver que vous avez du talent : on vous guinde, on vous gêne, on vous effraye, on vous ôte votre confiance. On vous force à jouer Phèdre quand votre nature vous porte à jouer Marinette ; on vous force à jouer Suzanne quand vous avez les qualités adhérentes au rôle de Marguerite de Bourgogne. Sauf de rares exceptions, il faut des années de noviciat avant qu'on vous permette d'avoir un avis, une opinion, un emploi adapté à vos moyens.

Cependant, je le répète, Déjazet était arrivée au point de pouvoir risquer une réflexion,

CHAPITRE VIII.

de pouvoir demander soit un couplet, soit une coupure ; enfin elle touchait à cette ligne de démarcation qui sépare les artistes de premier ordre du commun des martyrs. Encore un pas, encore un beau rôle, encore un succès, et elle obtenait l'épaulette de capitaine, dans cette belle compagnie de comédiens du théâtre de *Madame*. Elle attendait, elle espérait... quand, un beau matin, elle apprit que M. Poirson venait d'engager *Jenny Vertpré!*... Jugez de son désespoir !...

Elle alla trouver M. Poirson, se plaignit amèrement de ce nouvel engagement, qui venait si malencontreusement renverser toutes ses espérances, et la condamnait à végéter encore, au moment où elle croyait pouvoir compter sur la justice et la loyauté de son directeur pour occuper enfin la première place que vingt créations heureuses l'autorisaient à réclamer.

M. Poirson lui répondit que la venue de Jenny Vertpré ne lui serait aucunement préjudiciable; que le talent de Jenny Vertpré n'avait aucun rapport avec le sien, et qu'elles pouvaient toutes deux briller au Gymnase sans se nuire en aucune façon.

C'est la réponse ordinaire de tous les directeurs en pareille circonstance.

Déjazet connaissait assez le théâtre pour savoir que si les auteurs travaillent pour un sujet, ils négligent complétement les autres. Elle pressentait que, placée après Léontine Fay et Jenny Vertpré, sa position serait secondaire, et qu'elle aurait encore beaucoup à souffrir. M. Poirson voulut en vain la dissuader; la suite prouva que les appréhensions de Déjazet étaient fondées. Car en effet on n'écrivit plus que pour Jenny Vertpré. M. Scribe fit *le Mariage de raison*, et il donna le ravissant rôle de madame Pinchon à Jenny Vertpré...

Ce fut un coup cruel pour le cœur d'artiste de Déjazet; elle ne pardonna jamais cette infidélité à M. Scribe. Mais M. Scribe est très-infidèle envers ses interprètes. Il abandonna mademoiselle Mars pour mademoiselle Plessy, — Firmin pour Menjaud,—mademoiselle Denain pour Madeleine Brohan. Les auteurs célèbres sont aussi capricieux que le public, et ce n'est pas peu dire.

Déjazet regretta toujours ce rôle de madame Pinchon, elle le regrette encore : aussi, du moment où elle le vit entre les mains de Jenny Vertpré, elle ne songea plus qu'à quitter le Gymnase.

M. Poirson ne tarda pas à lui fournir l'occasion d'une rupture, elle s'empressa de la saisir.

Tous les ans, à la saison des eaux, M. Poirson envoyait la moitié de la troupe du Gymnase à Dieppe, pour donner des représentations devant madame la duchesse de Berry. En 1827 (Déjazet était depuis sept ans au Gymnase), elle fut du voyage, ainsi que madame Dormeuil. Madame Dormeuil, à peine arrivée, tomba sérieusement malade. Il fallut distribuer les rôles. Déjazet et Jenny Vertpré en héritèrent; mais au lieu de faire un égal partage, M. Poirson donne les bons rôles à Jenny Vertpré et les mauvais à Déjazet.

Déjazet crie, se révolte, demande justice, réclame, discute, s'emporte. M. Poirson maintient sa distribution. Alors Déjazet propose la rupture de son engagement, M. Poirson refuse d'abord; mais elle insiste, et si vivement, que M. Poirson, blessé de se voir mettre à plusieurs reprises le marché à la main, finit par accepter.

Déjazet fut libre!!!

Mais à peine son engagement est-il rompu, qu'elle voit l'embarras dans lequel se trouvait Poirson : ses spectacles étaient constamment entravés par ce brusque départ. Elle ne veut pas laisser ainsi l'homme avec qui elle eut pendant sept années d'excellents rapports, et lui fait proposer, maintenant qu'elle n'y était plus contrainte, d'apprendre et de jouer tous les rôles qu'elle avait refusés d'abord.

CHAPITRE VIII.

M. Poirson, touché de ce retour volontaire, lui dit de considérer leur rupture comme non avenue. Mais Déjazet la maintient; seulement elle promet de faire régulièrement son service comme par le passé, jusqu'à la fin de la saison théâtrale.

M. Poirson savait que Déjazet était une femme résolue, et qu'elle ne revenait jamais sur un parti pris; il regarda donc cette résiliation comme définitive et la regretta sincèrement.

— En vous perdant, lui dit-il, *je perds le plus honnête homme de ma troupe.*

En effet, Déjazet, qui n'avait d'abord au Gymnase qu'un engagement de deux années, l'avait renouvelé pour *dix ans, sur parole;* car jamais elle n'avait signé ce nouveau traité, qui était resté oublié au fond de quelque tiroir. Et quand elle voulait plaisanter avec M. Poirson, ou quand il lui jouait quelque mauvais tour, elle lui répétait toujours:

— Prenez garde, vous êtes engagé vis-à-vis de moi, mais moi je ne le suis pas envers vous.

— Je suis parfaitement tranquille, répondait M. Poirson. *Vous êtes le plus honnête homme de ma troupe.*

Les représentations marchèrent très-régulièrement à Dieppe; elles étaient très-suivies, et *Madame* n'en manquait pas une.

On sait que Déjazet ressemblait beaucoup à la duchesse de Berri. En 1817, elle était blonde comme elle, mince comme la duchesse était alors.

Cette ressemblance était si frappante, qu'elle fit dire à *Madame* elle-même, un soir que le directeur la conduisait au foyer du Gymnase, où il avait fait tout récemment placer son buste par courtisanerie : «*Ah! ah! mon cher Poirson, vous avez décoré votre foyer du portrait de mademoiselle Déjazet; c'est très-galant!*»

M. Poirson fut tout penaud, et ne sut que répondre à S. A. R., qui, par cette méprise, l'avait mis dans l'impossibilité de relever son erreur.

Si Madame la duchesse eût été une très-jolie femme, il n'eût pas hésité à lui dire :

— Mais, *Madame*, ce buste est le vôtre ; — et d'ailleurs elle se fût volontiers reconnue, car le buste était fort ressemblant.

Madame la duchesse n'était point une très-jolie femme, et cette ressemblance frappante ne satisfaisant point sa coquetterie, elle ne voulut donc pas se reconnaître.

CHAPITRE IX

Déjazet va du Gymnase aux Nouveautés,
et des Nouveautés au théâtre du Palais-Royal.
— Aventure de la petite flûte de l'orchestre.
— Amour. — Suicide.

CHAPITRE IX

Déjazet va du Gymnase aux Nouveautés, et des Nouveautés au théâtre du Palais-Royal. — Aventure de la petite flûte de l'orchestre. — Amour. — Suicide.

Le 5 juin 1828, Virginie Déjazet débutait sur le théâtre des Nouveautés (place de la Bourse) par le rôle de Catherine dans *le Mariage impossible*, vaudeville en deux actes, de MM. Melesville et Carmouche.

Ce théâtre, qui avait coûté trois millions quatre cent soixante-sept mille francs à construire, et qu'on revendit en 1833 onze cent mille francs avec ses dépendances, n'était ouvert que depuis quinze mois lorsque Déjazet y débuta.

L'inauguration de cette nouvelle salle eut lieu, le 1ᵉʳ mars 1827, par *Quinze et Vingt ans ou les Femmes*, vaudeville en deux actes, et le *Coureur de veuves*, pièce en trois actes imitée de l'espagnol.

La troupe de M. Bérard (qui tenait son privilége de M. de Corbière, ministre de l'intérieur), laissait beaucoup à désirer, bien que l'on y comptât plusieurs sujets estimables : madame Albert d'abord, qui venait de la province, mais avec tous les éléments d'un talent de premier ordre ; Balthazar, une fort jolie femme ; Derval-Dobigny, beau cavalier, à l'encolure aristocratique, spirituel diseur, élégant gentilhomme, homme instruit et distingué ; puis Joly, Préval, Caseneuve, Jausserand, Armand-Villot, Dubourjal, Albert ; mesdames Génot, Clorinde, Anaïs, Florval, Miller et Fradelle. Ce personnel était incomplet. M. Bérard s'empressa donc

CHAPITRE IX.

d'engager de nouvelles recrues qui pussent former sa tête de colonne : Potier, Bouffé, Lafont, Volnys et Déjazet furent appelés à cet honneur.

Je passerai rapidement sur le séjour de Déjazet au théâtre des Nouveautés ; il dura trois ans ; je ne citerai que ses principales créations, entre autres celle du dauphin dans *Henri IV en famille*, ouvrage de MM. de Villeneuve, Émile Vanderburch et Desforges, représenté pour la première fois le 26 juin 1828. MM. Dartois, Brunswik et Lhérie écrivirent ensuite pour Déjazet *la Suite d'un Mariage de raison*, afin de lui fournir l'occasion de jouer cette Madame Pinchon qu'elle avait tant désirée, tant regrettée. Elle prouva à M. Scribe que son infidélité n'était point motivée. Mais est-il besoin de motifs pour être infidèle?..... On est infidèle à celle qu'on aime le plus, et c'est là sans doute l'excuse de M. Scribe.

Déjazet fut encore très-remarquable dans *le Fils de l'Homme, souvenir de* 1821, par M. Paul de Lussan, représenté le 28 décembre 1830. Dans ce rôle du duc de Reichstadt, elle touchait tous les cœurs, elle était digne, elle était noble, elle était intéressante..... et cette création lui fit d'autant plus d'honneur qu'elle sortait de son genre ordinaire. Quand elle disait : « *Mon pauvre père !..... il est donc* » *vrai, tu m'appelais à ton lit de mort, et je* » *n'étais pas là !.....* » tous les spectateurs pleuraient. Quand elle disait à la dernière scène : « *Maintenant, messieurs, entrons à la* » *chapelle... Allons prier pour mon père !...* » l'émotion était générale.

Dans *les Trois Catherines* avec Bouffé, Volnys et madame Albert, dans *Valentine ou la Chute des feuilles*, dans *l'Enragée, le Marchand de la rue Saint-Denis, la Femme, le Mari et l'Amant, Jovial en prison, le Mari aux neufs femmes* et dans *Bonaparte à l'École de Brienne* surtout, elle laissa des souvenirs précieux aux amateurs. Mais je m'arrête ; s'il fallait ici énumérer toutes les pièces qui doivent leurs succès à Déjazet, et tous les rôles qu'elle a créés, je n'en finirais pas.

Je constaterai seulement un fait, c'est que le théâtre des Nouveautés fut pour Déjazet le dernier degré qu'elle eut à franchir pour se poser sur le piédestal que M. Dormeuil eut le bon esprit d'ériger à son talent sympathique. — Ce piédestal fut la scène du Palais-Royal.

En effet, l'administration des Nouveautés ayant sombré, et malgré le procès que lui firent, pour la retenir, les artistes qui avaient pris les rênes directoriales, Déjazet quitta le théâtre de la place de la Bourse (qui garnissait si mal la sienne) pour celui de M. Dormeuil.

Ici je touche à l'époque la plus brillante de la carrière dramatique de Virginie Déjazet. Nous sommes au 6 juin 1831, jour de l'ouverture du théâtre du Palais-Royal. Une troupe improvisée, et cependant délicieuse, se heurte, se presse dans le petit local de ce petit théâtre.

Samson, Regnier, les spirituels sociétaires de la Comédie Française d'aujourd'hui; Lepeintre aîné, Sainville, madame Baroyer, mademoiselle Élomire, madame Couturier, M. Dormeuil lui-même, et Déjazet, la charmante Déjazet, sont là, derrière le rideau, inquiets, fiévreux, impatients.

Enfin on commence *Ils n'ouvriront pas*, prologue d'ouverture, et bientôt les rires, les applaudissements rendent le calme et le sang-froid à tous ces pauvres artistes. Ce prologue de MM. Mélesville, Brazier et Bayard est fort bien accueilli, et quand Déjazet s'avance pour chanter au public le couplet final...

» Un premier pas est si glissant,
» Que nous tremblons d'avance ;
» Chaque théâtre en commençant
» A besoin d'indulgence.....
» Applaudissez au dénoûment
» Pour que cela commence
» Gaîment,
» Pour que cela commence. »

Le public ne se fait pas prier et répond par d'unanimes bravos à la gracieuse actrice. Mais la soirée n'était pas terminée pour Déjazet :

CHAPITRE IX.

après avoir joué la grisette Herminie, dans le prologue, il lui restait à créer le rôle de Frédéric, dans *l'Audience du Prince* : ce Frédéric était un page du grand-duc. J'ai déjà dit avec quelle facilité, quelle grâce et quelle élégance elle portait tous les costumes ; celui-ci était ravissant.

Virginie Déjazet créa, le 19 juillet 1831, la Belle Fermière du *Philtre champenois* ; puis, le 3 août de la même année, la Fée des *Chansons de Béranger* ; le 15 octobre, Ursule, dans *les Jeunes Bonnes et les Vieux Garçons* ; puis, Mariette, Mariana, Mariani, dans *les deux Novices* ; le Duc d'Orléans, dans *l'Enfance de Louis XII* ; Vert-Vert (15 mars 1832) ; Charlotte de *la Ferme de Bondy* (5 mai 1832) ; Joséphine du *Dernier Chapitre* ; Célestin du *Cadet de Famille*, charmant petit acte de Vanderburch ; enfin, toute cette longue série de rôles et d'ouvrages brillants, tels que *Sophie Arnoult, la Fille de Dominique, Sous Clef, Un Scandale, les Charmettes, le Triolet Bleu, Judith,* et *Frétillon*.

Tant de brillants succès, si légitimement acquis, enivrèrent le public, et Virginie Déjazet devint son idole. Quand son nom était sur l'affiche, la salle du théâtre du Palais-Royal était trop petite pour contenir tous les adorateurs qui accouraient, se pressaient à chacune de ses représentations, voulaient la voir, l'entendre à tout prix.

Tout Paris vint et revint dix fois l'applaudir ; tout Paris l'adorait. Nobles, bourgeois, artistes, collégiens, fils de roi, fils de princes, banquiers et marchands, tous se seraient battus volontiers pour être distingués par elle, ne fût-ce qu'un jour, une heure ! Elle excitait un enthousiasme général, universel. Chacune de ses représentations était pour elle la certitude d'un nouveau triomphe.

Après le spectacle, un nombreux cortége l'attendait quelquefois pour la voir monter en voiture, et souvent même l'accompagnait jusque chez elle, en applaudissant encore, en criant : Vive Déjazet ! Ce n'était plus une actrice, c'était une véritable reine, et le public ou plutôt sa cour et ses sujets payaient avec joie l'impôt, pour jouir du bonheur de la voir et de la fêter.

Mais cette heureuse et belle vie, ces triomphes inusités, cet amour général, devaient être troublés par quelques chagrins. Il n'est point de bonheur parfait ici-bas...

Déjazet, malgré son talent, sa réputation immense, ses succès, fut toujours *une bonne fille*, très-modeste, très-aimable, très-bienveillante, très-abordable. Elle ne se posait point en célébrité devant ses camarades, ne s'isolait point, ne défendait pas sa porte, et passait très-souvent des heures entières au foyer comme une simple choriste.

Il faut qu'on sache qu'au théâtre du Palais-Royal il n'y a qu'un seul foyer pour les artistes, les choristes et les musiciens. C'est une petite salle basse, longue, étroite, où l'air manque. Cette salle est décorée d'un pauvre coucou, de deux banquettes scellées aux murs et fort mal rembourrées : voilà tout l'ameublement.

Une femme a vraiment quelque mérite à hanter ce lieu. Mais on y était gai, on y riait, on y était heureux, unis, amis, et Déjazet y brillait encore par son esprit de tous les jours et par son aimable abandon. Et puis, dans ce temps-là, les artistes du Palais-Royal formaient une véritable famille ; tous éprouvaient un réel plaisir à se voir, à se serrer la main chaque soir dans ce petit foyer.

Déjazet, prévenante et bonne, ne manquait jamais de s'informer de la santé de chacun ; elle parlait à tous, trouvait toujours quelques-unes de ces aimables et douces paroles qui font tant de plaisir lorsqu'elles sont adressées par une célébrité.

Un soir, après avoir joué Jean-Jacques dans *les Charmettes*, en entrant au foyer suivant son habitude, elle aperçoit dans l'embrasure de la petite fenêtre qui donne sur le jardin du Palais, un des plus jeunes musiciens de l'orches-

CHAPITRE IX.

tre se tenant à l'écart, et qui, pâle et rêveur, fixait sur elle un mélancolique et triste regard.

Elle s'approche aussitôt du jeune artiste et lui demande ce qu'il a.

Celui-ci garde le silence.

— Mon cher Victor, nous sommes déjà de vieilles connaissances; vous savez que je suis très-curieuse; comment se fait-il que vous, si gai d'ordinaire, vous soyez si triste et si sombre depuis quelque temps? Qu'avez-vous donc?

— Mais rien, madame, je vous jure.

— Quelque peine de cœur?

— Moi!

— Quelque chagrin d'artiste?

— Non, madame!

— Auriez-vous perdu quelques élèves?

— Non vraiment.

— Êtes-vous souffrant ?

— Non pas.

— Mon cher ami, vous êtes ce soir fermé à double tour. « *Non madame, non vraiment, non pas,* » on ne saurait décliner l'adverbe négatif d'une façon plus variée. Pardon de mon indiscrétion.

Voyant qu'il ne voulait rien dire, elle le quitta pour s'adresser à quelque joyeux habitué du foyer.

Ce jeune musicien à qui Déjazet venait de parler était la petite flûte de l'orchestre du Palais-Royal. Premier prix du Conservatoire, élève de Tulou, âgé de vingt ans à peine, Hector F... faisait honneur à son illustre professeur. Timide, peu causeur, peu communicatif, il n'avait eu jusqu'à ce jour d'autres conversations avec Déjazet que celles du foyer, causeries interrompues, sans suite ni durée, causeries banales, dont la pluie et le beau

CHAPITRE IX.

temps font les plus grands frais, qui commencent par l'éternel *ça va bien*, et finissent par un coup de sonnette pour descendre à l'orchestre.

Hector n'était jamais allé chez Déjazet ; seulement depuis deux ans il la voyait tous les soirs au théâtre, et ne manquait point d'échanger avec elle quelques mots. Enfin, pour Déjazet, Hector était une de ces nombreuses *connaissances* qu'on rencontre tous les jours et qu'on ne *connaît* pas ; mais pour Hector, Déjazet était autre chose... elle était *son premier amour, elle était toute son âme, toute sa vie.* Amour secret, mystérieux, dont il ne lui fit l'aveu qu'au moment où il crut ne plus la revoir jamais...

Le lendemain du laconique entretien qu'il eut avec elle dans le foyer et que je viens de rapporter, il lui écrivit... C'était la première fois !...

Voici la lettre :

« Madame,

» Vous demandiez hier soir d'où venait ma
» tristesse, vous demandiez si je souffrais !...
» L'heure suprême est venue où je puis tout
» vous dire... l'heure suprême est venue, je
» puis tout avouer... Oui, madame, je souf-
» frais... et depuis longtemps, et bien cruelle
» ment !... et ma peine était d'autant plus dou-
» loureuse, que je ne pouvais la confier à per-
» sonne, pas même à vous, madame, qui, mal-
» gré votre ineffable bonté, eussiez peut-être
» ri de ma douleur, ri de mon amour, que vous
» eussiez méprisé, dédaigné ou pris en pitié...
» dont vous eussiez douté peut-être... Oui, ma-
» dame, depuis deux ans je vous aime !... Que
» vous importe, n'est-ce pas ?... Tout le monde
» vous aime, vous... tout le monde est à vos
» pieds... Aussi n'ai-je été ni assez aveugle,
» ni assez vain, ni assez audacieux pour espé-
» rer toucher votre cœur... je me suis tu... J'ai
» compris ma position, j'ai regardé la vôtre,
» j'ai mesuré la distance, et j'ai vu, madame,

» hélas ! j'ai trop bien vu qu'entre vous si
» grande, et moi si petit, il y avait un abîme
» impossible à franchir... un abîme qui me sé-
» parerait de vous toujours... Mais si je sens
» que je dois renoncer à vous, je sens aussi que
» je ne pourrais vivre sans vous... Cette phrase
» est banale, je le sais. Prendra-t-elle à vos
» yeux un caractère de vérité quand vous son-
» gerez que celui qui l'a écrite *n'est plus de ce*
» *monde ?...*

» Adieu, madame; partout j'eusse emporté
» votre image, la mort seule peut me la faire
» oublier. Je rentre dans le néant, car je ne
» saurais plus rien aimer ici-bas après vous
» avoir vue, après vous avoir aimée !...

» A vous ma dernière pensée, pour vous mon
» dernier soupir !...

» Hector. »

Lorsque Déjazet reçut cette lettre, l'heure du spectacle approchait; elle était chez elle, rue des Pyramides ; ce fut Élise, sa femme de chambre, qui la lui remit...

Déjazet ne savait que penser. Elle crut rêver, elle voulut douter, mais son cœur se serrait ; un secret pressentiment lui disait que cette lettre annonçait réellement un affreux malheur... et la voilà courant comme une folle, sans châle, sans chapeau, jusqu'au théâtre.

On commençait la première pièce ; elle demanda à tout le monde où était Hector, si Hector était à l'orchestre ?

Personne ne l'avait vu, il n'était point à l'orchestre, lui si exact. Il n'y avait plus à douter... Le malheureux enfant aurait-il dit vrai ?... Se serait-il tué ?...

Elle tombe sans connaissance dans l'escalier, sans pouvoir dire un seul mot. Tout le monde l'entoure ; on s'empresse de lui porter secours ; elle revient à elle et montre la lettre qu'elle venait de recevoir... Elle veut courir chez Hec-

CHAPITRE IX.

tor ; mais elle ne le peut : il faut qu'elle joue dans *Judith* et dans *les Charmettes*. Elle prie un de ses camarades de se rendre au plus vite où elle voudrait pouvoir aller elle-même, et de lui rapporter sur l'heure des nouvelles de ce pauvre jeune homme.

Un des principaux artistes du théâtre court, et trouve le malheureux Hector agonisant, dans un état désespéré : il s'était empoisonné !... Mais il respirait encore ; on fait venir plusieurs médecins.

Alcide Touzet, car c'est ce bon Alcide, je crois, qui vit ce douloureux spectacle, Alcide retourne au théâtre, et pour tranquilliser sa camarade, lui cache l'état affreux dans lequel il a laissé ce pauvre insensé.

Déjazet voudrait pouvoir faire avancer l'heure; la soirée lui paraît un siècle, un siècle d'attente, d'anxiété et de crainte... Elle ne comprend pas comment elle peut jouer étant si cruellement préoccupée. Enfin le rideau tombe, elle a fini...

A peine prend-elle le temps de revêtir ses habits de ville ; vite, elle monte en voiture et se fait conduire rue du Sentier, chez Hector. Elle interroge la concierge sur l'état du malade ; celle-ci l'engage fortement à ne point franchir les escaliers.

— Le pauvre garçon, madame, ne reconnaît plus personne ; il se meurt ; il ne passera probablement pas la nuit, lui dit-elle.

A ces mots Déjazet est prête à s'évanouir encore ; mais, rappelant toutes ses forces et toute son énergie, elle prie la concierge d'aller dire à l'un des médecins qui sont près d'Hector de descendre un moment, que mademoiselle Déjazet veut absolument lui parler.

A ce nom de Déjazet, la portière tout ébahie grimpe vivement les sept étages, et redescend plus rapidement encore, accompagnée d'un gros disciple d'Esculape, qui avait plutôt l'air d'un épicurien qu'on dérangeait d'un bon repas que d'un docteur venant du lit de douleur d'un moribond.

CHAPITRE IX.

— Monsieur, s'écrie Déjazet sans donner le temps au médecin de la saluer, je veux, je désire, je tiens essentiellement à voir M. Hector; s'il lui arrivait malheur, je regretterais toute ma vie de n'avoir pu lui dire un dernier adieu.

— Rassurez-vous, belle dame, il passera la nuit...

— Sur votre honneur?

— Sur mon honneur!

— Eh bien, je puis le voir, n'est-ce pas?

— Non, c'est un trop triste tableau; pourquoi repaître vos beaux yeux d'un douloureux spectacle? Il est sans connaissance, vous ne pourriez lui être d'aucun secours, revenez demain matin. Je serai ici vers six heures, et s'il va mieux... eh bien, nous verrons...

— Vous me jurez, monsieur, qu'il n'est pas en danger?

— Il passera la nuit.

— Alors, il est sauvé!... s'écria Déjazet dans un élan d'espoir.

— Ah! ceci est une autre question, dit froidement le médecin.

— A laquelle vous ne pouvez répondre?... reprit-elle avec inquiétude.

— A laquelle je ne pourrai répondre que dans deux jours, au plus tôt.

— Mais vous me désespérez, monsieur.

— Désolé, belle dame; cependant je ne puis vous donner une espérance que je n'ai pas encore moi-même.

Déjazet pâlit, un tremblement nerveux agita tout son corps. Le docteur lui donna le bras jusqu'à sa voiture et la reconduisit chez elle.

— A demain, belle dame!

— A six heures!

— A six heures!

Déjazet ne dormit pas, et le lendemain, bien

CHAPITRE IX.

avant six heures, elle était assise dans la loge du concierge d'Hector; mais le docteur n'arrivait point.

Il se fit attendre longtemps, et ne vint qu'à huit heures.

Si Déjazet l'eût souffert, il eût volontiers passé le temps de sa visite à causer avec elle, dans la loge du portier, car il était très-causeur, très-gai, très-original, ce médecin ; mais Déjazet avait hâte de savoir comment Hector avait passé la nuit, dans quel état il se trouvait. Elle supplia donc le docteur d'aller vite près du malade, de lui dire qu'elle était là.

Le docteur monta et ne tarda pas à descendre.

Il va mieux, dit-il, il a repris connaissance; mais il est si faible, si abattu, que je n'oserais prononcer encore votre nom devant lui ; il y a du mieux cependant. Du courage ! espérez.

— Ne puis-je donc le voir encore ?

— Gardez-vous-en bien, vous le tueriez. Je repasserai vers midi, puis ce soir. Revenez après le spectacle, et vous me trouverez ici pour vous donner de ses nouvelles.

Déjazet revint à minuit, il vivait encore!... Elle revint matin et soir pendant quatre jours. La pauvre petite flûte n'allait pas plus mal, et dans sa position ne pas aller plus mal, c'était aller mieux.

Enfin, le sixième jour, le docteur dit à Déjazet :

— Maintenant, belle dame, je crois que vous serez son meilleur médecin; il ne veut rien prendre, il refuse tout; il n'y a que vous qui puissiez le décider à suivre nos ordonnances.

Déjazet se disposait déjà à franchir les escaliers d'Hector, mais le docteur l'arrêta.

—Un instant, dit-il, votre présence inattendue pourrait lui faire grand mal; écrivez d'a-

CHAPITRE IX.

bord un mot pour lui annoncer votre visite.

Immédiatement Déjazet lui écrivit :

« Je suis là. Chaque jour, matin et soir, je
» viens savoir de vos nouvelles. Je suis là, près
» de vous, voulez-vous me voir? Faites un si-
» gne, et j'accours...

» Virginie Déjazet. »

Le docteur porta ces quelques mots au jeune malade, en lui recommandant de ne point ouvrir la bouche, de ne répondre que par un signe.

A peine eut-il lu ce billet, qu'un rayon de joie illumina son pâle visage.

— *Ah! qu'elle vienne, qu'elle vienne donc!* s'écria-t-il, sans tenir compte de la défense du docteur.

Un instant après Déjazet pénétrait enfin dans la chambre du pauvre artiste.

C'était une petite mansarde bien pauvrette ; quelques flûtes appendues aux murailles nues en étaient les seuls ornements.

Quant Hector vit entrer Déjazet, il fit un violent mouvement pour se soulever, mais il retomba.

Déjazet s'approcha de lui, mit la main sur ses lèvres et lui dit :

— Ne parlez point ; me voilà ; je viens m'installer chez vous ; je serai votre garde-malade désormais ; nuit et jour je serai là...

Hector lui serra la main, une larme de reconnaissance brilla dans ses yeux.

— J'exige seulement que vous suiviez toutes les ordonnances de vos médecins.

Hector fit signe qu'il obéirait.

Ce soir-là Déjazet ne jouait pas ; elle resta donc et le jour et la nuit près du jeune malade

CHAPITRE IX.

à le soigner, à lui donner ses potions, à le faire boire à chaque instant, tenant d'une main sa montre et de l'autre la main d'Hector, pour se rendre un compte exact de la durée des intervalles de répit que le malade obtenait après les fréquents et pénibles effets du poison. Hélas! son estomac rejetait de minute en minute tout ce qu'elle lui faisait prendre...

Déjazet ne s'absentait que pour jouer ou répéter. Aussitôt sa répétition terminée, elle venait reprendre sa place; aussitôt le spectacle fini, elle venait reprendre sa chaise.

Elle eût inévitablement succombé à tant de fatigues, si son courage et son dévouement n'eussent été surhumains.

Cependant, après avoir passé cinq nuits entières debout au chevet du malade, elle sentit ses forces prêtes à l'abandonner; elle fit venir un lit de sangle, et s'y jetait tout habillée, pendant qu'Hector, plus calme, semblait goûter quelques minutes de repos.

10

Enfin, les soins assidus et constants, les douces attentions et plus encore la présence continuelle de la femme aimée, ranimèrent un instant les forces du malade ; il ne tarda pas à entrer en convalescence ; on le crut sauvé.

Les médecins lui ordonnèrent de prendre les plus grands ménagements, d'éviter les plus légères émotions et surtout de ne plus jouer de la flûte !...

Déjazet resta pendant près de six semaines entières près de lui, à son chevet ; puis, quand elle le crut enfin sauvé, elle retourna chez elle, dans son riche appartement de la rue des Pyramides.

Deux mois après son acte de folie, Hector faisait sa première sortie, rendait à Déjazet sa première visite, et put même aller jusqu'au théâtre serrer la main de ses anciens camarades... Hélas! le pauvre jeune homme, malgré cette apparente résurrection, était loin d'avoir recouvré complétement la santé. Pour le gué-

CHAPITRE IX.

rir, il lui eût fallu l'amour de celle qu'il adorait plus que jamais. Mais Déjazet en aimait un autre, elle ne pouvait donc l'aimer : Hector le savait... Aussi, voulut-il s'éloigner.

Il alla dans sa famille, près de sa mère, à Lille ; et la, seul avec son amour, n'ayant d'autre distraction que sa flûte, sur laquelle il se plaisait à redire sans cesse tous les airs qu'il avait entendu chanter à Virginie, il s'épuisait tout le jour à répéter ses chants.

Sa poitrine, délabrée par les ravages du poison, ne put longtemps résister, il fit une rechute, s'alita quelques jours, et mourut!!!

. . . .

Quand Déjazet apprit cette mort, elle se mit à pleurer, comme on ne pleure qu'une fois dans la vie, et resta trois jours sans recevoir.

Cette aventure fit un grand bruit, à Lille surtout, où chacun la racontait et la commentait à sa façon. Toute la société était curieuse de voir Déjazet. Le directeur la pria plusieurs fois de venir donner des représentations sur son théâtre; mais Déjazet refusa pendant plusieurs années. Elle voulait que le temps, qui cicatrise toutes les douleurs, eût apporté quelque soulagement à la sienne. Ce ne fut qu'au mois d'août 1843 qu'elle se décida à partir pour Lille.

Son premier soin en entrant dans la ville fut d'aller au cimetière chercher la tombe d'Hector. Déjazet était très-embarrassée. Comment trouver cette tombe parmi tant de mausolées?

Elle s'adressa à la femme du gardien.

Celle-ci la conduisit dans un endroit écarté où se trouvait le terrain destiné à recevoir les dépouilles mortelles de la famille d'Hector. Plusieurs inscriptions gravées sur diverses pierres tumulaires apprenaient aux passants les noms des habitants de ce triste séjour; mais le nom d'Hector ne figurait point parmi ces

CHAPITRE IX.

noms, et cependant c'était bien la propriété dernière de la famille d'Hector.

Comment son nom ne se trouvait-il donc pas parmi ces noms?...

La femme du gardien ne put donner aucune explication. Seulement, elle affirma qu'Hector était enterré dans le cimetière, mais elle ignorait à quelle place.

— Demain mon mari sera ici toute la journée; si vous voulez revenir, dit-elle, il vous donnera tous les renseignements que vous souhaiterez.

Déjazet fut obligée de partir sans avoir pu trouver la tombe d'Hector; elle revint le lendemain.

Cette fois le gardien était présent : sa femme lui avait annoncé la visite de l'étrangère.

Il mena Déjazet au même endroit où elle avait été la veille; puis, fouillant du talon à travers les orties et les herbes sauvages qui croissaient en liberté sur quelques pieds de terrain en friches, il retrouva les débris d'une croix de bois et dit : *C'est là !*

— Comment, là, sous ces cailloux et ces ronces?

— C'est là !

— Mais pourquoi, quand partout ces tombes sont fleuries, cultivées avec soin, pourquoi celle-ci est-elle la seule, entre toutes, qui soit ainsi négligée, délaissée, dédaignée?... s'écria Déjazet avec une indignation qu'elle ne put contenir.

— Ah! dame!... c'est que celui qui l'habite s'est suicidé!

— Eh bien?

— Suicidé pour une femme de théâtre, pour une comédienne.

— Quand cela serait?...

CHAPITRE IX.

— Ah! dame! à ceux-là on ne leur fait point de tombe.

— C'est infâme.

— Et puis c'est économique... ajouta en souriant malignement le gardien.

— Mon ami, reprit Déjazet, veuillez, je vous prie, faire nettoyer cette tombe, et couvrez-la partout de pensées et de roses : je me charge du prix de son entretien, et j'en paye d'avance la première année, dit-elle en lui mettant une pièce d'or dans la main. Je vous la recommande, monsieur. Puisque le pauvre enfant qu'elle renferme est abandonné des siens, vous, monsieur, ne l'abandonnez pas, promettez-le-moi !

— Ah! je vous le jure, madame! s'écria le gardien, qui se sentit tout ému.

— Je vais envoyer une pierre tumulaire; vous veillerez, n'est-ce pas, à ce qu'elle soit scellée promptement. Je ne suis ici que pour peu de jours, et je voudrais avant mon départ voir cette pauvre tombe en meilleur état.

— Soyez tranquille, madame ; dans deux jours elle sera coquette et fleurie, à donner envie aux plus riches bourgeois de la ville.

En effet, quelques jours après, quand Déjazet vint pour faire ses adieux au pauvre Hector, les ronces et les orties avaient disparu ; des roses, des pensées remplaçaient les herbes sauvages, la pierre tumulaire était scellée et portait ces seuls mots : *Une amie est venue là...*

Déjazet apporta et laissa sur cette tombe, désormais parée, toutes les couronnes et les fleurs qu'on lui avait jetées pendant ses représentations... la tombe en était jonchée, puis elle quitta Lille.

Elle était de retour à Paris depuis quelques mois, quand un matin elle reçut avis de je ne sais quel juge, que la famille d'Hector avait porté plainte contre elle, la soupçonnant d'avoir fait ériger, sans le consentement et à l'insu des ayants droit, un monument sur un terrain dont ils avaient la concession à perpétuité; que cette famille demandait que le monument fût détruit, et que, sur le refus formel du gardien de laisser toucher à cette pierre, elle se voyait forcée d'avoir recours à la justice pour faire respecter ses droits.

Déjazet répondit qu'effectivement c'était elle qui était l'auteur du délit qu'on lui imputait; qu'elle savait gré au gardien, qu'elle le remerciait d'avoir défendu si fermement sa cause, et qu'elle attendait avec confiance la décision de la justice, curieuse de savoir s'il se trouverait un juge pour condamner une comédienne parce qu'elle avait témoigné plus de respect et de vénération pour les dépouilles mortelles d'un étranger que les membres de sa propre famille. La question vint devant le tribunal. Déjazet gagna, et la pierre tumulaire fut respectée...

J'ai rapporté cette histoire du cœur toute pleine de larmes et d'amers souvenirs... parce qu'on y voit combien une femme bonne, compatissante, une âme d'or, ouverte à toutes les douleurs qui naissent autour d'elle, peut quelquefois avoir à souffrir d'un malheur qu'il n'a pas été en son pouvoir d'empêcher.

J'ai rapporté cette histoire parce que je l'avais lue arrangée, défigurée, morcelée, et que je tenais à la reproduire sous son véritable jour, sans amplification, sans ornement et dans sa plus grande simplicité.

Excepté le nom de la petite flûte, que je n'ai pas cru nécessaire de divulguer, tout ce que j'ai dit est vrai, religieusement vrai.

CHAPITRE X

**Déjazet quitte le théâtre du Palais-Royal.
— Lettre à Béranger. — La réponse. —
Une visite au poëte !...**

CHAPITRE X

Déjazet quitte le théâtre du Palais-Royal. —
Lettre à Béranger. — La réponse. —
Une visite au poëte !...

Eût-on jamais pu supposer que l'éminente actrice qui avait créé sur la scène du Palais-Royal *Frétillon*, — *la Marquise de Pretintailles*, — *la Comtesse du Tonneau*, — *la Fille de Dominique*, — *les Premières Armes de Richelieu*, et tant d'autres types (1) qu'elle a rendus

---

(1) *La Périchole*, jouée en 1835. — *La Fiole de Cagliostro*, en 1835. — *L'Oiseau bleu*, 1836. — *Madme Favard*, décembre 1836.

inabordables aux plus habiles comédiennes, quitterait, après treize années de triomphes constants, ce théâtre dont elle était la clef de voûte, le drapeau, la fortune?... Eût-on jamais pu croire qu'un directeur aussi intelligent, aussi capable que M. Dormeuil, laissât s'envoler ainsi sa *Poule aux œufs d'or*, et cela pour quelques pauvres louis... par *économie*?... Quelle économie, grand Dieu!...

Cependant il n'y eut pas d'autres raisons.

En voici la preuve convaincante.

Je laisse parler M. Mélesville. La lettre, que je transcris mot pour mot, donnera les détails et les motifs réels de cette rupture à jamais regrettable pour M. Dormeuil.

— *Un scandale*, novembre 1837. — *Suzanne*, 1837. — *La Maîtresse de langues*, février 1838. — *Les Deux Pigeons*, 1838. — *Nanon, Ninon et Maintenon*, mars 1839. — *Argentine*, septembre 1839. — *Mademoiselle Sallé*, juin 1841. — *Le vicomte de Létorières*, décembre 1841. — *Sous clef*. — *Les Deux Anes* et *la Lisette de Béranger*, en février. — *Déjazet au sérail*, avril 1843. — *La Marquise de Carabas*, novembre 1843. — *Carlo et Carlin*, février 1844.

CHAPITRE X.

« Ma chère Virginie,

» Je vois malheureusement que je n'ai rien à proposer
» à M. Dormeuil, car votre lettre, loin de se rapprocher
» de ses idées, s'en éloigne encore un peu plus qu'aupa-
» ravant. Je ne dis pas que vous n'ayez raison sous cer-
» tains rapports; mais, comme je vous le disais hier
» aussi, s'il se cramponne résolûment à certaines condi-
» tions, il n'y a aucun espoir de l'en débusquer. —
» Avant-hier, vous demandiez 80 fr. de feux au lieu de
» 60 pour les pièces en quatre ou cinq actes, et c'est ce
» que vous demandez encore aujourd'hui; ainsi donc,
» rien de changé de ce côté. — Avant-hier, vous deman-
» diez que les tableaux fussent comptés comme des actes,
» comme dans votre ancien engagement. Dormeuil le re-
» connaît, et est prêt à le signer. Ce n'est point une con-
» cession sans doute, mais enfin cela remet les choses
» comme vous les demandiez. — Rien de changé de
» votre côté.

» Vous demandez que l'on biffe: « *L'Administration* se
» réserve de résilier *le présent engagement* à la fin de la
» première année, » etc.

» Je ne sais quelle est l'idée de Dormeuil à cet égard,
» mais je crois qu'il ne serait pas impossible d'y arriver.
» Mais vous demandez, en échange de quoi? — je ne
» sais trop, puisque vous maintenez les 80 fr. au lieu
» de 60. Vous demandez quinze jours de plus à chacun
» de vos congés, c'est-à-dire que vous rentrez pour moi-

» tié dans la condition que Dormeuil a toujours repous-
» sée, et qui a tout rompu!... Je vous avoue que, sans
» vous blâmer, si vous croyez finir par les emporter, je
» n'oserais en ouvrir la bouche à Dormeuil, parce
» qu'après toutes les conversations antérieures, je suis
» sûr qu'il sauterait au plafond et m'enverrait promener
» par-dessus les tours Notre-Dame.

» Hier, par hasard, je l'ai rencontré au ministère de
» l'intérieur; nous n'avons pu échanger que vingt pa-
» roles, et il m'a paru tout à fait dans les dispositions
» que je vous dépeins. Il m'a répété, sous forme de con-
» versation, car je lui demandais simplement, et sans
» avoir l'air d'être chargé de rien, où vous en étiez, il
» m'a répété qu'il mettrait tableaux comme actes, que
» ç'avait toujours été sa pensée, mais que pour le reste,
» notamment les 80 fr. de feux au lieu de 60 pour quatre
» et cinq actes, il ne pouvait rien ajouter; et sur ce
» que je lui reprochais d'avoir changé des conditions à
» l'ancien engagement après parole donnée : « Oui, s'est-
» il écrié en s'échauffant beaucoup; — mais c'est après
» parole donnée qu'elle m'a appris son *stupide* engage-
» ment à la banlieue, qui changeait toute la position, et
» qui, à la rigueur, m'autorisait à tout rompre! Surtout
» quand je me rappelais une certaine rentrée, à la suite
» d'un de ses voyages qu'elle avait déjà faits à la banlieue,
» à mon nez, à ma barbe, avant de rentrer au Palais-Royal!
» chose qui m'avait été des plus désagréables!... » etc.
» Je vous passe toutes les plaintes et récriminations
» obligées.

» Bref, ma bonne Virginie, si vous me chargez *officiel-*

» *lement* de lui proposer ce que vous demandez, comme
» *ultimatum*, savoir : *quatre-vingts francs pour quatre et*
» *cinq actes ou tableaux; — quinze jours de plus de congé*
» *par chaque année; enfin biffer la condition de résiliation*
» *à volonté du directeur*, je le ferai ; mais je vous avoue
» que je ne sais trop sur quoi je pourrai établir mon sys-
» tème d'attaque, si ce n'est sur ce que vous me dites
» vous-même : *Mon affaire a fait trop de bruit pour que,*
» *si je la termine, je n'en sorte pas au moins avec quelque*
» *avantage.* Cette raison, excellente pour vous et pour
» vos amis, ne me paraît pas tout à fait concluante pour
» lui, et surtout de nature à lui être présentée.

» Enfin, dites-moi ce que vous voulez que je fasse, et
» si j'échoue, comme je le crains bien, je serais prêt, chère
» Virginie, à vous donner tous les conseils de la plus vive
» et sincère amitié sur les autres partis que l'on vous
» proposera.

» A vous de tout cœur,

» MÉLESVILLE.

» Ce 4 mai 1844. »

Ainsi, voilà une actrice unique dans son genre, une femme qui fait courir et la cour et la ville à ses représentations ; une femme dont le talent exceptionnel a rempli pendant *treize années* la caisse du théâtre du Palais-Royal ; une femme qui compte autant de succès que de rôles... Son engagement expire ; elle demande pour le renouveler que son congé soit prolongé de *quinze jours* ; que ses feux pour les pièces en quatre et cinq actes seulement soient augmentés de *vingt francs*. On marchande son talent, on repousse sa demande. On refuse *vingt francs* à celle dont le nom sur l'affiche garantit *cent louis* de recette. On la laisse partir, et cela pour *vingt francs !...* Non, en vérité, si je n'avais la preuve évidente de ce fait sous les yeux, je n'y croirais pas...

Je savais bien que depuis que le monde existe les spéculateurs n'avaient jamais eu ni égards ni reconnaissance pour les gens de mérite qui les enrichissaient, mais je croyais qu'ils avaient au plus haut degré l'intelligence de leurs intérêts... J'étais dans l'erreur, je le confesse en toute humilité.

Enfin, Déjazet, ne pouvant obtenir de M. Dormeuil ce qu'elle demandait, fut obligée de quitter Paris pendant une année, pour aller donner des représentations en province, et le

CHAPITRE X.

1er mai 1844 elle fit ses adieux au public du Palais-Royal dans *Carlo et Carlin*, qu'elle avait créé le 28 février.

Depuis 1820, c'était la première fois qu'elle se trouvait sans engagement ; elle allait quitter Paris sans savoir si jamais elle y reviendrait.

Elle ignorait si jamais elle reparaîtrait devant ce public souverain, roi du monde artistique, qui fait et consacre les réputations, dont l'opinion fait loi, et dont les décrets sont généralement respectés. Le rideau du théâtre du Palais-Royal en tombant les avait séparés...

Les adieux qu'elle avait faits au public parisien étaient-ils des adieux éternels?... Cette incertitude la tourmentait.

On quitte un directeur ingrat sans affliction, sans peine ; on ne quitte pas un public bienveillant et éclairé sans chagrin, sans regret ! Aussi Déjazet abandonnait-elle Paris le cœur serré, l'âme triste. Elle eût pu y rester sans doute, en acceptant les offres de M. Dormeuil ; mais sa dignité était engagée dans cette misérable question d'argent, et Déjazet tint toujours à sa dignité.

Elle se résigna donc à quitter la capitale, livrant sa destinée au hasard, ce roi des rois et des comédiens en tous genres.

La première de toutes ses visites d'adieux fut pour son poëte chéri, pour Béranger, qu'elle ne connaissait pas cependant ; elle qui le chantait si souvent, elle qui avait personnifié *Frétillon, le Tailleur et la Fée*, et tout récemment encore sa *Lisette!* Eh bien, en 1844, elle ne l'avait jamais vu !

Elle lui avait écrit une seule fois seulement ce billet à propos de *la Lisette :*

« Monsieur,

» Je suis heureuse que M. Bérat m'ait choisie pour me
» faire l'interprète d'une admiration que sa douce mélo-

CHAPITRE X.

» die ferait revivre, si jamais elle pouvait s'éteindre. Son
» cœur d'artiste m'accorde plus d'éloges que je n'en mé-
» rite. Le succès est-il douteux quand on chante Béran-
» ger? Plus d'une fois déjà j'ai dû le mien à ce grand
» nom. Aussi est-ce après l'hommage que le monde entier
» lui rend par ma bouche que j'ose, moi pauvre rien,
» lui offrir celui de ma sincère reconnaissance.

» Virginie Déjazet. »

Et le poëte lui avait répondu cette charmante lettre :

« Non, mademoiselle, vous ne me devez rien; c'est au
» contraire moi qui suis votre obligé. Avec des auteurs
» distingués, à qui je dois des actions de grâce, vous avez
» travaillé à ressusciter quelques-unes de mes filles ché-
» ries, et votre rare talent, adoré du public, a réveillé
» bien des fois le souvenir du nom de leur père, dans un
» pays où les noms sont bien vite oubliés. Vous avez été
» un habile commentateur de mes fugitives productions.
» Pouvais-je, mademoiselle, en avoir un plus aimable et
» plus intelligent? — Les commentaires sont bien sou-
» vent au-dessous du texte; le mien s'est enrichi de tout
» l'esprit qu'on vous reconnaît, et bien des écrivains ont
» pu me porter envie.

» Si je n'avais eu le tort si ridicule de venir au monde
» trente ans avant vous, mademoiselle, il me semble que
» vous eussiez été ma première fée; mais, M. Vanderburch
» aidant, vous avez été bien véritablement la seconde. Au-

» jourd'hui qu'à la prière de M. Bérat, votre art enchan-
» teur vient encore rajeunir le cœur d'un vieillard, per-
» mettez que, du fond de sa retraite, il vous offre ses
» hommages et ses remercîments.

» Agréez-les, mademoiselle, ainsi que l'assurance de
» mes sentiments les plus distingués.

» J'ai l'honneur d'être votre dévoué,

» BÉRANGER.

» Passy, 22 février 1844. »

Voilà toute la correspondance de Déjazet avec l'illustre poëte.

Elle ne pouvait se contenter de si peu; elle avait trop à cœur de contempler à l'aise celui qui tant de fois l'inspira ; elle voulait le voir, lui parler, l'entendre. Aussi, pour jouir de cette faveur réelle, elle eut recours à l'obligeance d'un de nos plus spirituels vaudevillistes, ami du chansonnier, et le pria instamment de la présenter à Béranger.

Le lendemain, en compagnie de cet obligeant ami, elle frappait à la demeure de l'immortel poëte.

CHAPITRE X.

Béranger la reçut avec cette aimable simplicité, ce sans-façon philosophique, cette bienveillance toute particulière qu'il a toujours envers les petits et les grands qui vont à lui ; il la remercia cordialement d'avoir bien voulu consacrer une de ses heures à visiter un vieillard ; il s'excusa de ne pas avoir assisté à ses représentations ; son grand âge, sa retraite éloignée lui interdisaient ce plaisir... Il était arrivé, disait-il, aux jours où chaque heure impose une nouvelle privation... — Et celle de ne pouvoir vous entendre, madame, — ajouta-t-il, — est pour moi certainement une des plus pénibles.

— Vraiment, s'écria Déjazet, vous auriez du plaisir à m'entendre ?

— Pouvez-vous en douter ?

— Eh bien ! voulez-vous que je vous chante votre *Lisette*, ici, pour vous seul, sans autre accompagnement que les battements de mon cœur, qui n'a jamais battu si fort qu'à cette heure bénie où je puis enfin voir, contempler, admirer, entendre Béranger ?...

Et sans lui laisser le temps de répondre à son élan d'enthousiasme, elle jeta au loin son chapeau qui l'embarrassait, se mit doucement aux genoux de l'illustre vieillard, prit ses mains dans ses mains, et de sa voix vibrante se mit à chanter, avec toute son âme :

> « Enfants, c'est moi qui suis Lisette,
> » La Lisette du chansonnier....
> » . . . .
> » . . . . »

Ah! je l'avoue, j'eusse voulu occuper la place de l'ami du poëte qui assistait à cette scène ; j'eusse voulu voir les douces larmes qui vinrent en ce moment mouiller les yeux du bien-aimé de la France !!!

— Jamais (me disait celui dont je tiens ces détails), jamais Déjazet ne chanta avec plus de naturel, de pureté, de sensibilité fringante et touchante à la fois; elle faisait sourire et rêver!... C'était bien là cette Lisette au déclin de la vie, cette Lisette toujours gaie, toujours vive et tendre, le cœur agité du plus riant souvenir,

CHAPITRE X.

chantant ses jeunes années, ses années de beauté fraîche et de facile amour, et chantant surtout la gloire de son charmant ami le grand chansonnier, et avec sa gloire, ses revers, son courage, ses captivités, sa modestie, son désintéressement, sa simplicité, son bon cœur.

Ce mélodieux monologue, dont la musique et les paroles rivalisent ensemble de douceur, de grâce et de sensibilité ; cette scène-chanson, plus courte qu'une tirade de mélodrame, et plus attendrissante que bon nombre de bonnes pièces en un ou plusieurs actes ; ces couplets charmants chantés par *Déjazet à Béranger*... ah ! cela devait être touchant...

Le poëte n'essaya point de cacher son émotion ; elle était trop douce et trop agréable pour la dissimuler. Il embrassa *Déjazet-Lisette*, et pour tout compliment lui montra les larmes qui brillaient dans ses yeux!!!...

Déjazet a gardé de cette entrevue le plus heureux souvenir, et pour que le temps ne puisse jamais l'effacer de sa mémoire, elle a prié Eugène Forest de lui faire une belle aquarelle sur ce sujet.

Toute cette scène a été reproduite par l'artiste avec une fidélité scrupuleuse et un rare talent d'exécution. Sur le premier plan, Béranger est assis dans un grand fauteuil, recouvert d'une housse en étoffe de Perse à fleurs chamarrées, et Déjazet est à ses genoux.

CHAPITRE XI

Nouvelles pérégrinations en province. —
Rentrée au théâtre des Variétés. — Une médaille
de Notre-Dame de Fourvières.

CHAPITRE XI

Nouvelles pérégrinations en province. —
Rentrée au théâtre des Variétés. — Une médaille
de Notre-Dame de Fourvières.

Peu de jours après son entrevue avec Béranger, Déjazet recommença ses pérégrinations en province. Elle donna d'abord des représentations à Lyon, à Bordeaux, à Orléans; et ce ne fut pas sans un certain charme qu'elle revit ces pays qui lui rappelaient de si doux souvenirs de jeunesse.

Elle retourna aussi visiter Lille, ou plutôt la

tombe de la petite flûte du Palais-Royal... Elle éprouva un sentiment de satisfaction en retrouvant cette tombe fleurie, et la pierre tumulaire encore debout et respectée.....

Enfin, elle courut du nord au midi, de l'est à l'ouest de la France ; et partout et toujours elle fut accueillie et fêtée. Elle visita Londres aussi.

La reine Victoria assista à ses représentations, et donna la première le signal des applaudissements...

A Bruxelles, à Nantes, à Marseille, elle obtint d'immenses succès. La France entière et l'étranger sanctionnèrent le jugement du public parisien.

M. Nestor Roqueplan, avant d'être directeur de l'Opéra, fut à la tête de l'administration du théâtre des Variétés. Tout le monde sait que Nestor Roqueplan est intelligent, spirituel, audacieux, hardi.

CHAPITRE XI.

Pour justifier sa réputation d'habileté, il avait déjà su s'attacher Bouffé, le célèbre Bouffé, qui fit la fortune du Gymnase. Il voulut plus encore, il voulut avoir Déjazet. A cet effet, il lui députa un fondé de pouvoirs pour lui proposer un engagement de cinq années.

Les conditions du traité étaient magnifiques, dignes de celle à qui elles étaient offertes.

Déjazet signa le traité.

Le fondé de pouvoirs, tout fier de son heureuse négociation, revint trouver M. Roqueplan, l'engagement à la main, et *le 24 février 1845, après une absence d'une année, Déjazet fit sa rentrée à Paris sur le théâtre des Variétés, dans* les Premières Armes de Richelieu.

La salle était comble.

Il avait suffi que ce nom fût sur l'affiche pour attirer toute la fine fleur de la société parisienne.

La presse entière, les artistes, les amateurs, les gens du monde, les étudiants, les élèves des écoles, tous se pressaient aux portes du théâtre des Variétés pour revoir Déjazet.

Pourvu qu'elle soit toujours la même! se disait-on de tout côtés avant de la voir reparaître. Pourvu qu'elle n'ait pas vieilli!

On lève le rideau, elle entre... toujours aussi jeune, toujours aussi séduisante ; sa voix n'a rien perdu de sa fraîcheur ; sa tournure est toujours élégante ; elle est toujours la même, toujours inimitable, toujours sans rivale, sans pareille; c'est toujours Déjazet!...

Ah! si M. Dormeuil eût assisté à cette rentrée, et sans nul doute il y assista, comme il dut se repentir de n'avoir pas su garder le trésor qu'il avait si longtemps exploité! Que de regrets il dut éprouver en voyant les recettes que firent les reprises des *Premières Armes de Richelieu* et de *Mademoiselle Dangeville* (30 mars 1845)!

CHAPITRE XI.

Déjazet fit au théâtre des Variétés quatre créations importantes dans quatre ouvrages qui peuvent être classés parmi les plus brillants et les meilleurs du répertoire de l'éminente actrice.

La Gardeuse de Dindons, jouée par elle pour la première fois le 14 juin 1845, et *Gentil Bernard,* qu'elle créa le 16 mars 1846, sont deux pièces qui doivent certainement mériter à leurs auteurs une mention honorable.

Le Moulin à Paroles et *le Marquis de Lauzun* surtout firent courir tout Paris au théâtre des Variétés.

Je ne puis en dire autant d'*Un Conte de Fée,* de *l'Enfant de l'amour* et de *Mademoiselle de Choisy,* pauvres pièces, qui vécurent cependant quelques jours, grâce au talent de l'actrice aimée.

Au printemps de 1846, Déjazet partit en congé pour donner des représentation à Saint-Quentin.

Il n'était alors question dans cette ville que

du Prisonnier de Ham, à qui le gouvernement de Louis-Philippe venait de refuser la permission d'aller à Florence embrasser son vieux père mourant, malgré toutes les garanties, malgré toutes les sollicitations du Prince Louis.

Ce refus de laisser accomplir à un fils le plus sacré de tous les devoirs avait indigné tout les cœurs et révolté tout les esprits.

Déjazet, dont la religion pour le martyr de Sainte-Hélène va jusqu'à l'idolâtrie, qui garde comme une sainte relique quelques cheveux de l'Empereur, coupés à Sainte-Hélène, le 5 mai 1821, après sa mort ; cheveux dont la lettre suivante écrite de la propre main de la comtesse Bertrand, garantit l'authenticité ;

« Je vous envoie avec le plus grand plaisir, madame,
» les cheveux si précieux que vous désirez.

» Je serai toujours heureuse de vous être agréable. Je
» suis reconnaissante, je vous aime, je vous l'ai dit. Re-
» cevez l'assurance de mes sentiments,

» Fanny Bertrand.

» Paris, ce 22 juin 1834. »

Déjazet, qui, lors de la translation des cendres de l'Empereur, avait prié M. Arthur Bertrand de lui écrire jour par jour, heure par heure, les incidents de son pieux voyage à Sainte-Hélène, et qui garde comme un trésor ce journal particulier et confidentiel, que M. Arthur Bertrand a écrit à son intention et pour elle seule ;

Déjazet, enthousiaste de l'Empereur, s'intéressait naturellement à son neveu : n'était-ce pas un proscrit, un prisonnier ? Aussi ressentit-elle plus vivement que tout autre une juste et légitime indignation en apprenant l'acte de sévérité inqualifiable qui frappait Louis-Napoléon. Dans le premier mouvement de son indignation, elle interrompt le cours de ses représentations, quitte Saint-Quentin, et se rend à Ham pour visiter le Prince, et lui témoigner de vive voix l'intérêt général qu'il inspire, les sympathies réelles dont il est l'objet, et tous les vœux qu'on fait à Saint-Quentin pour sa prochaine délivrance.

Dans son exaltation de femme et d'artiste,

elle croyait arriver facilement jusqu'au prisonnier. Mais on ne pouvait arriver jusqu'à sa personne que lorsqu'on avait un ordre du ministre de l'intérieur ; le ministre n'accordait de permis qu'avec une grande réserve, et le commandant de la forteresse ne devait laisser passer que lorsque ces permis étaient contresignés par le commissaire de police. Les mesures de rigueur étaient extrêmes, la vie intérieure du Prince gênée dans les moindres détails, il était victime de vexations continuelles.

Déjazet ne put donc pénétrer jusqu'à lui, et cependant elle n'était venue à Ham que pour lui.

Elle se promenait seule et rêveuse autour de cette sombre et triste citadelle, elle considérait cet humide et pauvre bâtiment, presque adossé aux remparts extérieurs, dont le voisinage interceptait et la lumière du jour et l'air du dehors, lorsqu'elle fut tirée de sa contemplation douloureuse par un ami, dont l'apparition

CHAPITRE XI.

soudaine fut pour elle un bonheur inattendu.
Cet ami s'appelait M. Lera; il était alors commissaire central de la ville.

Déjazet ne pouvait faire en cette occasion une rencontre plus favorable au but de son voyage.

Après les premiers compliments d'usage, M. Lera lui demanda par quel heureux hasard il la rencontrait à Ham et ce qu'elle venait faire dans cette ville.

— Visiter le Prince, mon cher Lera; et si vous avez quelque crédit sur l'esprit du commandant de la forteresse, vous me ferez le plus grand plaisir de l'employer à satisfaire mon envie, répondit-elle.

— Impossible, ma chère Virginie, la consigne est on ne peut plus sévère. Pour visiter le Prince, il faut une permission du ministre. Mais puisque vous êtes si désireuse de le voir, venez avec moi de ce côté; voici l'heure à laquelle il fait sa promenade habituelle sur les remparts. Si vous ne pouvez l'approcher et lui parler, au moins vous l'apercevrez de loin, et il vous verra; c'est ainsi qu'il reçoit les visites de tous ses amis inconnus, et ils sont nombreux.

Déjazet ne se le fit pas dire deux fois, elle suivit son obligeant ami, et, chemin faisant, elle le pressa de questions sur les détails de la vie du Prince, sur ses arrangements intérieurs.

— Oh! quant aux arrangements intérieurs, — répondit M. Lera, — c'est M. de Lardenois, lieutenant-colonel de gendarmerie, qui a réglé les dépenses de table, et elles ne grèvent pas le budget de l'État.

— Vous en connaissez le chiffre?

— Sept francs par jour.

— Sept francs!... s'écria Déjazet avec le plus grand étonnement. — Sept francs pour la table d'un Prince?... La mienne me coûte davantage.

— Mais vous, madame, vous êtes reine...

— Reine de théâtre, mon cher!...

Sept francs!... allons donc, c'est impossible! s'écria Déjazet avec incrédulité.

— C'est cependant l'exacte vérité.

— On ne s'est pas montré prodigue... mais à chacun des ministres de Charles X on allouait dix francs.

— L'économie est à l'ordre du jour sous le présent règne.

— Et comment est logé le Prince?

— Lors de son arrivée on l'installa dans la chambre de M. de Polignac; maintenant il occupe celle de M. de Peyronnet.

— Et cette chambre est-elle commode au moins?

— Tout y était dans le plus affreux délabrement; les plafonds troués, les papiers de tenture en lambeaux, le carrelage du sol inégal et brisé ; les portes et les fenêtres laissaient pénétrer le vent avec des sifflements sinistres...

— Et c'est là que repose le neveu de l'Empereur? et on ne réclame point au nom de la santé du captif?

— On a réclamé.

— Eh bien! qu'a-t-on répondu?

— Le ministre de l'intérieur a fait mettre à la disposition du commandant, pour les réparations et acquisitions nécessaires, une somme de... six cents francs.

— Six cents francs?... mais c'est une mystification.

— Non, c'est une distraction.

— Économique.

— Je vous répète, ma chère Virginie, que l'économie est à l'ordre du jour aux Tuileries.

CHAPITRE XI.

Un cri de vive l'Empereur !... interrompit brusquement la conversation. C'était un soldat du 42ᵉ de ligne qui venait d'apercevoir le Prince.

Un fait étrange, c'est que la garnison de Ham, chargée de la garde de Louis-Napoléon, se composait de ces mêmes soldats du 46ᵉ régiment de ligne qui l'avaient connu à Strasbourg en 1836, et de ceux du 42ᵉ qui étaient à Boulogne en 1840.

Quatre cents hommes environ composaient cette garnison, dont au moins soixante étaient toujours de service, sans compter une brigade de geôliers, porte-clefs et gardiens, auxquels la surveillance du Prince était plus spécialement confiée.

M. Fr. Briffault, qui a publié en 1849 une intéressante brochure sur *le Prisonnier de Ham,* affirme qu'il arrivait souvent aux soldats de la garnison « de s'approcher des » fenêtres et de crier : Vive l'Empereur !

» lorsque le prisonnier faisait sa promenade
» habituelle sur les remparts. »

A ce cri du soldat du 42ᵉ, Déjazet et son guide s'arrêtèrent, et virent le Prince à sa fenêtre...

La lettre suivante, que madame Louise Collet m'a gracieusement et obligeamment communiquée, donnera plus exactement qu'un récit les détails et les suites de cette entrevue à distance.

Laisser parler Déjazet, n'est-ce pas d'ailleurs le meilleur moyen de la faire bien connaître ?

« A madame Louise Collet.

» 26 janvier 1847.

» Puisque vous tenez tant à savoir le résultat de mon
» voyage à la citadelle de Ham, ma chère Louise, je vais
» tâcher de satisfaire votre bienveillante curiosité, qui,
» du reste, ne me remettra pas sans un vif intérêt face à
» face avec ce mémorable souvenir.

» Je crois vous avoir dit déjà que, vivement impres-
» sionnée par le récit du traitement à la fois injuste et
» inhumain qu'endurait le Prince Louis, je voulus visi-
» ter la demeure de l'illustre captif. Un vieil ami à moi,
» M. Lera, alors commissaire central à Ham, et qui, de-
» puis tant d'événements, se trouve, lui et sa famille, dans
» une position bien peu d'accord avec son caractère et
» ses besoins, m'en donna complaisamment la possibi-
» lité. C'est grâce à son heureuse rencontre que je fus
» conduite à la citadelle qui renfermait l'illustre pri-
» sonnier.

» Je visitai tout, rien ne passa indifféremment sous
» mes yeux.

» Je m'arrêtai avec intérêt devant le petit jardin
» planté par lui, et dont les fleurs semblaient dire :
» Nous aussi nous sommes prisonnières, l'air et la terre
» nous manquent.

» Plus loin, je fis un long soupir en mesurant le court
» espace qu'on accordait à sa promenade à cheval.

» Enfin, ma pauvre amie, je m'apprêtais à partir avec
» toutes mes tristes pensées, lorsque mon obligeant con-
» ducteur me fit remarquer le Prince Louis qui, d'une
» fenêtre assez éloignée, nous adressait avec son mou-
» choir plusieurs signes d'adieu. Je ne pus distinguer ses
» traits, mais je fus sincèrement touchée de cet acte de
» politesse, et je cherchais les moyens de le lui faire
» comprendre, lorsque ma main rencontra sur ma poi-
» trine une petite médaille d'or que je tenais d'une amie

» qui, à Lyon, l'avait fait bénir et présenter à Notre-Dame-
» de-Fourvières, en demandant à la madone la grâce de
» faire de cette médaille un *porte-bonheur*. Vous ignorez
» sans doute quelle foi les habitants de Lyon attachent à
» tout ce qui touche cette sainte ; je ne puis la comparer qu'à
» celle que nous avons en Dieu. Aussi cette madone est-
» elle complétement couverte de loques et de bijoux pré-
» cieux, présents égaux pour elle du pauvre et de l'opu-
» lent ; car l'un et l'autre l'implorent rarement en vain !
» Ce *porte-bonheur*, me disais-je tout bas, à qui peut-il
» être plus nécessaire qu'à celui qui semble me dire à
» travers les barreaux : Vous marchez vers la liberté,
» que vous êtes heureuse !... Je le détachai donc d'un
» mouvement spontané, et le confiai au valet de chambre
» du Prince, qui précisément passait près de nous en ce
» moment. Il me promit de le remettre à Son Altesse, de
» ne rien oublier, pas même mon nom, et je quittai cette
» triste demeure en saluant une dernière fois du geste
» et de mes vœux Louis Bonaparte.

. . . .

» Quelque temps après il s'était évadé !... J'appris que
» mon pauvre ami Lera, suspecté, victime de cet événe-
» ment, avait perdu sa place et quitté Ham, pour aller
» je ne sais où !... Tout le monde ne pouvait pas être
» heureux, le *porte-bonheur* n'appartenait qu'à un seul.

» Le Prince vint à Londres, j'y étais alors. Jugez de
» ma joie lorsqu'un jour on m'annonça Son Altesse Im-
» périale en personne ; elle n'avait rien oublié, ni ma
» médaille ni mon nom.

CHAPITRE XI.

» Le Prince Louis me remercia de la meilleure grâce
» du monde, en me montrant ma petite relique, fixée à
» jamais, me dit-il, à la chaîne de sa montre.

» Puisse-t-elle, ma très-chère amie, achever ce qu'elle
» a si bien commencé, et devenir un jour aussi le *porte-
» bonheur* de la France!...

» Déjazet. »

. . . .
. . . .
. . . .

CHAPITRE XII

La première page du Bréviaire de Déjazet. — Ses couplets aux auteurs de Madame Favart. — Une ovation improvisée. — Les requêtes.

CHAPITRE XII

La première page du Bréviaire de Déjazet. — Ses couplets
aux auteurs de *Madame Favart*. — Une ovation
improvisée. — Les requêtes.

Le talent, l'esprit et le charme sont assurément de précieux dons du ciel, mais il en est d'autres encore plus dignes d'envie, parce qu'ils sont plus rares, je veux parler des qualités de l'âme.

L'âme de Déjazet est charitable, affectueuse, sensible et dévouée : charitable sans ostentation, affectueuse sans caprice, sensible sans manières, dévouée sans intérêts.

Sa bienfaisance est proverbiale comme son esprit.

Il n'est pas un seul des théâtres de Paris où elle ait été engagée, une seule des villes de province où elle ait passé qui ne puissent fournir de nombreuses preuves de cette assertion.

Obliger ses amis, ses camarades, son prochain, voilà sa principale dépense, son luxe, sa folie.

Si elle possédait aujourd'hui tout l'argent qu'elle a prêté à ceux qui auraient pu le lui rendre, tout l'argent qu'elle a volontairement donné aux malheureux qu'elle a rencontrés sur son chemin, certes sa fortune serait brillante; mais donner est son plus grand plaisir, et lorsqu'un de ses intimes, à qui elle permet de tout dire, lui reproche ses prodigues libéralités, elle lui répond en répétant cette sublime strophe de Victor Hugo, qu'elle appelle la première page de son bréviaire :

« Donnez ! pour être aimés du Dieu qui se fit homme,
» Pour que le méchant même en s'inclinant vous nomme,
» Pour que votre foyer soit calme et fraternel ;
» Donnez ! afin qu'un jour, à votre heure dernière,
» Contre tous vos péchés vous ayez la prière
   » D'un mendiant puissant au ciel ! »

Que répliquer après cela ?...

Elle met son crédit, son talent, son influence, de même que sa bourse, au service de tous, et cela avec une grâce, une complaisance, un empressement qui triplent le mérite du bienfait.

Que de gens doivent, à sa recommandation, leurs places, leurs engagements, leur position !

Que de lettres écrites de sa main en faveur d'infortunés vieillards !

« MONSIEUR ,

» Je n'ai d'autre titre pour venir à vous que mon nom

» d'artiste, d'autre droit que celui de réclamer ma part
» de la sympathie que l'on vous dit avoir pour eux,...

Écrivit-elle un jour à M. Davesne, le directeur général des maisons d'asile du département de la Seine.

» Et encore, cette part ne peut-elle exister que dans le
» passé, car, étrangère maintenant aux théâtres de Pa-
» ris, je ne puis même pas réclamer l'honneur de vous
» faire passer une soirée agréable. Plus heureux, vous
» pouvez beaucoup pour moi. Je parle ainsi, monsieur,
» parce que, réglant votre cœur sur le mien, je trouve
» que celui qui oblige est plus heureux que l'obligé, et
» vous le serez doublement puisque nous serons deux à
» vous bénir.

» Voici le fait :
» Un bon vieillard de soixante et dix ans se croirait
» aux portes du ciel si vous lui faisiez ouvrir celle d'une
» de vos maisons d'asile. La maison des Incurables nous
» sourirait plus qu'une autre, parce qu'elle renferme
» un ami qui lui ferait une douce société. Cet ami a nom
» Prudent, c'est un ancien artiste, camarade à moi qui,
» lorsque je suis à Paris, vient prendre avec lui place à
» ma table une ou deux fois par semaine. C'est ainsi
» qu'ils se sont rencontrés, et que le désir de vivre à
» côté l'un de l'autre est entré dans leurs pauvres âmes!
» Réalisez ce beau rêve, monsieur, et vous aurez com-
» mencé ce que Dieu finira.

CHAPITRE XII.

» Daignez voir mon protégé, sa digne et bonne figure
» vous intéressera j'en suis sûre; il vous décrira lui-
» même les détails de sa triste position : ils ne sont, hélas!
» que trop suffisants pour mériter la faveur que je ré-
» clame.

» Encore une fois, monsieur, nous serons deux à vous
» bénir et à nous souvenir.

» Déjazet. »

M. Davesne reçut immédiatement le vieillard à l'hospice des Incurables, et il ne sort maintenant de la maison que pour venir, en compagnie de son ami Prudent, remercier sa protectrice.

. . . .

Elle fait tout pour obliger, même des couplets.

A l'époque où elle jouait Madame Favart, elle reçut la visite du fils de cette perle de l'Opéra-Comique qui osa, la première, paraître avec un gros jupon de laine, des sabots, et les cheveux sans poudre, sur une scène où l'on avait vu jusque-là les paysannes avec des robes de soie, des souliers de satin et des cheveux poudrés.

Le fils de madame Favart était alors très-avancé en âge et dans une position précaire; il venait, comme tant d'autres, faire un appel à la générosité de celle qui, comme sa mère, était chérie au théâtre pour ses talents, dans la société pour les excellentes qualités de son cœur et le charme de son esprit, partout pour son inépuisable bienfaisance.

Il venait prier Déjazet de bien vouloir intéresser les auteurs de *Madame Favart* à son malheureux sort. En sa qualité de fils, il eût pu réclamer d'eux une certaine fraction de leurs droits pour laisser exploiter le nom de sa mère, ou faire défendre la pièce; il s'était bien gardé d'employer un procédé fort en vogue depuis, mais qui répugnait à sa conscience, et il avait attendu à dessein que le succès de la pièce fût à peu près épuisé, pour tenter la triste démarche que la plus impérieuse nécessité le forçait à faire en ce moment.

CHAPITRE XII.

Cette délicatesse extrême dans le malheur toucha vivement Déjazet, et elle lui promit d'intercéder pour lui.

Dès qu'il fut parti, elle se mit à son secrétaire, et improvisa ces deux couplets :

DÉJAZET-FAVART.

A MM. Masson et Saintine.

AIR : *Donnez, donnez pour madame Favart.*

Gentil Masson, joyeux Saintine,
Vous dont l'esprit est opulent,
A la vieillesse qui s'incline
Donnez l'obole du talent.
Vous qui m'avez faite quêteuse
Par le prestige de votre art...
Que ma demande soit heureuse :
Donnez au fils de madame Favart.

Quand par votre plume légère
Leurs noms sont encor ennoblis,
Que le triomphe de la mère
Soulage les malheurs du fils!
Puis, chaque soir plus courageuse,
Cent fois je bénirai mon art,
Qui m'aura faite la quêteuse
Des auteurs de *Madame Favart*.

MM. Masson et Saintine répondirent par une généreuse offrande à leur spirituelle quêteuse.

Et les bénéficiaires? que d'obligations ne lui doivent-ils pas ?... Les uns, ingrats et oublieux, la remercient à peine; les autres, reconnaissants et désireux de lui donner une preuve de leur gratitude, improvisent des fêtes pour elle.

J'aime mieux citer une anecdote qui fait honneur à ceux-ci que de faire rougir ceux-là.

Virginie Déjazet donnait des représentations à Genève, lorsqu'un soir, à l'ouverture des bureaux, venant rôder sur le théâtre pour observer de ses propres yeux l'empressement avec lequel le public se précipitait dans la salle et se disputait les places, elle entendit derrière elle les doléances d'un artiste qu'elle ne connaissait point. Il se plaignait à l'un de ses camarades de la première chanteuse de la troupe, qui se prétendait indisposée, et refusait de jouer le lendemain *la Fille du Régiment*, à son bénéfice.

CHAPITRE XII.

— Il faut remettre la représentation.

— Impossible, s'écriait le bénéficiaire au désespoir.

— Pourquoi?

— Parce que les représentations ont toutes été tirées au sort, parce que jusqu'à la fin de l'année théâtrale chaque bénéficiaire a pris date, et qu'il y a autant de bénéfices que de semaines.

— Eh bien! il faut jouer autre chose.

— Quoi?

— Un drame.

— Pour ne pas faire les frais? La première représentation de la reprise de *la Fille du Régiment* offre seule quelque chance de recette. Mais sans la pièce, que diable veux-tu que je fasse le lendemain d'une représentation de Déjazet?

— Il me semble pourtant qu'un grand drame...

L'interlocuteur était le grand premier rôle du drame, et il tenait essentiellement à prouver qu'il ferait recette ; mais le bénéficiaire, qui était un chanteur (la basse-taille de l'endroit), ne partageait pas la confiance de son camarade ; aussi n'accueillait-il point la proposition du grand premier rôle.

— D'ailleurs, répondit-il, tous les drames ont été joués trois fois, et sont usés.

— Et les vaudevilles? Monsieur, pensez-vous qu'ils puissent vous tirer d'embarras ? je serais charmée pour ma part de vous être utile, et mon répertoire est tout à votre disposition, dit gracieusement Déjazet en quittant l'œil du rideau d'où elle avait tout entendu et en s'approchant du bénéficiaire.

— Eh quoi! madame, s'écria la basse-taille avec le plus grand étonnement, vous daigne-

CHAPITRE XII.

riez... vous seriez assez bonne... vous consentiriez à jouer à mon bénéfice?

— Sans doute.

— Demain ?

— Demain.

— Mais je croyais que vous deviez partir pour Lyon?

— Je retarderai mon départ d'un jour.

— Comment, pour moi!... qui n'ai pas l'honneur d'être connu de vous?

— Eh bien, justement, cela me procure le plaisir de faire votre connaissance.

— Ah ! madame, que d'obligations ! — exclama l'artiste dans un transport de joie facile à comprendre.

Et ce qui fut promis fut religieusement tenu ; on sait que la parole de Déjazet est une parole de gentilhomme.

Le lendemain soir, elle joua deux de ses meilleurs rôles, et chanta *le Postillon*, au bénéfice de cette basse-taille, à qui elle avait parlé la veille pour la première fois.

Ajoutons que, cette fois, par extraordinaire, elle obligea un homme qui sut reconnaître par une attention délicate le service qu'il avait reçu, et laissons raconter à Déjazet elle-même l'ovation qu'on lui fit à Genève, à l'issue de cette représentation si gracieusement donnée :

« ... Bref, le rideau tombe, et j'allais reparaître aux cris
» d'un bruyant rappel, lorsque je me sens saisie au
» corps par le régisseur, qui me retient dans la coulisse,
» et qui me dit en me serrant fortement : Ne bougez
» pas ! Au même instant, les garçons machinistes se pré-
» cipitent sur le théâtre, une foule d'hommes et de fem-
» mes les suivent, le décor de ma pièce disparaît comme
» par un souffle. Je ne sais que penser de ce bruit, de ce
» désordre ; un instant je crois au feu... lorsque je vois
» se lever le rideau, tout le monde se ranger de chaque
» côté du théâtre, où le régisseur m'entraîne, et me prie
» d'écouter une pièce de vers, bonne ou mauvaise, je
» l'ignore, je n'ai rien entendu ; puis une musique com-
» mence, le plancher du théâtre s'ouvre, il en sort un
» immense bouquet de fleurs avec je ne sais combien de

CHAPITRE XII.

» médaillons, portant les noms Richelieu, Lauzun, Co-
» lombine, etc. Du cintre descendent deux renommées,
» tenant chacune le bout d'une écharpe, avec cette
» inscription : *A Virginie Déjazet*; et enfin, au milieu de
» tout cela, une jolie petite fille au rose visage, tenant
» dans ses mains une délicieuse couronne d'or et d'ar-
» gent, qu'il m'a fallu accepter d'un air que je puis cer-
» tifier le plus bête du monde; car de tout cela, je n'ai
» rien vu, rien entendu. On m'a renseignée, voilà tout...
» On m'a chanté un couplet, un chœur, je croyais rêver,
» j'étais honteuse, je ne sentais que des mains qui pres-
» saient les miennes. Je n'entendis que les cris: Bravo!...
» bravo!... et lorsque tout cela eut disparu, il me fallut
» reparaître encore!... »

Déjazet, comme on le voit, fut très-touchée de cette charmante surprise, aussi ne voulut-elle point quitter Genève sans remercier les artistes qui lui avaient fait d'aussi touchants adieux, et elle leur écrivit, le 1ᵉʳ mai 1853, la lettre suivante :

« Je ne sais vraiment quels termes employer pour
» témoigner aux artistes du théâtre de Genève les senti-
» ments de reconnaissance que j'emporte, et qui désor-
» mais me suivront pendant les dernières années de
» ma carrière... Ce que j'ai fait pour l'un d'eux ne
» méritait certes pas les remercîments honorifiques du

» vingt-neuf avril 1853, date qui restera gravée dans la
» mémoire comme dans le cœur de celle qui se dit avec
» bonheur et fierté,

» Votre camarade,
» Virginie Déjazet.

» Genève, 1ᵉʳ mai 1853. »

Elle adressa encore au mari d'une actrice de la ville qui l'avait servie pendant ses représentations, et qui lui avait offert un petit travail à l'aiguille, la charmante lettre qu'on va lire, et qui donnera une preuve de la délicatesse toute particulière de la spirituelle femme dont le cœur est aussi rare que le talent.

« Moins heureuse que votre dame, écrivait la délicieuse
» actrice, je ne possède aucun de ces talents qui savent
» si bien doubler le prix d'un cadeau, et j'ai craint que le
» choix de mon goût parût une futilité aux yeux d'une
» bonne femme de ménage comme la vôtre. N'osant lui
» remettre moi-même cette bagatelle argenteuse, j'ai
» donc pensé qu'en la glissant dans la bourse du mari,
» elle prendrait peut-être un caractère légal, délicat, et
» ne blesserait ainsi aucune susceptibilité. Je garderai
» précieusement, je vous le jure, le charmant travail de
» madame L..., et de vous, croyez-le, le souvenir recon-
» naissant de toutes les bontés et fatigues que vous avez
» eues pour moi pendant mes représentations. Puisse
» cette assurance, qui n'a que le mérite d'être sincère,

CHAPITRE XII.   231

» vous faire accepter mon modeste présent, d'aussi bon
» cœur que je vous l'offre ! »

Si j'entreprenais de reproduire ici toutes les demandes qu'on adresse à Déjazet, ce volume ne suffirait point à les enregistrer. Je me contenterai de donner, en forme de spécimen, les requêtes suivantes, qui ne manquent pas d'une certaine originalité. Le lecteur attribuera peut-être leur rédaction à l'un des auteurs des spirituelles drôleries du théâtre du Palais-Royal. Il aurait tort, les pièces suivantes sont authentiques.

CLICHY, le 2 Février 185...   B. P. COMESTIBLES.

A trois jours de vue il vous plaira envoyer sur cette SEULE *de* CHANCE *à l'ordre de Monsieur Dubois,* UNE OU PLUSIEURS BOURRICHES DE COMESTIBLES, *valeur à valoir sans autre avis de*

L'AFFAMÉ !

A madame VIRGINIE DÉJAZET
   Artiste.   Retour sans frais.

L. No 2.

Au verso de ce papier timbré, dont le coût

n'était que de vingt-cinq centimes, ce qui était une preuve que M. Laffamé se contenterait modestement d'un envoi de 300 francs au plus, était écrit ce magnifique alexandrin :

A tout estomac creux, la bonne CHAIRE est CHÈRE!

Puis au-dessous :

« Un des administrateurs de l'ambulance de la Bourse,
» en juillet 1830, qui a combattu pour la liberté, est
» maintenant privé de la sienne. Il n'a pas oublié la gé-
» nérosité de madame Déjazet, et vient, dans l'infortune,
» implorer de nouveau son cœur bienfaisant, pour ap-
» porter quelques secours alimentaires aux souffrances
» qu'endure son estomac, depuis qu'il est livré au régime
» peu confortable du Vatel de l'endroit.

» Bientôt il espère revoir le palais enchanté par elle,
» et applaudir la sémillante Frétillon, si justement
» aimée.

» Il supplie madame Déjazet, dans le cas où elle con-
» sentirait à acquitter cette lettre de *chance*, de n'en pas
» faire le montant en *perdreaux*, si Alcide Touzet devait
» en faire l'achat.

» Il vous prie, madame, d'agréer ses hommages res-
» pectueux.

» Signé: LAFFAMÉ,
» Détenu pour avoir trop vécu.

CHAPITRE XII. 233

» P. S. Réponse à M. Dubois, dit Michel, restaura-
» teur à la prison pour dettes, rue de Clichy, 68, pour
» remettre à M. Laffamé.

» (Les paquets doivent être envoyés franc de port.) »

Déjazet envoya une volumineuse bourriche chargée de comestibles à ce monsieur qu'elle ne connaissait point, qu'elle ne connut jamais.

Le même jour elle recevait, d'un ex-cirier de Roanne, la dépêche suivante :

« MADEMOISELLE,

» D'après ce que j'ai entendu dire, vous possédez un
» talent pas ordinaire; mais le plus beau que vous pos-
» sédiez, c'est celui de la charité qui a civilisé le monde.
» Je veux acheter une petite maison qui vaut 500
» francs, pour ne plus être obligé de demander à quel-
» ques personnes de me venir en aide pour payer ma
» location, ne gagnant pas assez. Le propriétaire veut
» 200 francs de suite, et il m'attendrait plusieurs années
» pour les 300 francs, en lui en payant le revenu à cinq
» pour cent, ce qui déduirait ma location à dix-huit
» francs par an, en comptant l'impôt.

» Mademoiselle, pour laisser à Roanne non-seulement
» le souvenir de votre talent, mais de celui qui a civilisé le

» monde, je viens vous prier de me donner 200 francs,
» que Dieu vous rendra.

» Je vous salue avec respect.

» ANTONIN R...

» Ex-cirier, chez M. Denis, bottier,
» rue Mably, n° ..., à Roanne (Loire).

» T. S. V. P.

» *P. S.* J'ai un frère qui demeure avec moi, je m'en
» occupe fraternellement, il y a sans trop dire au moins
» trente ans. Pour être sûr que votre don est bien placé
» si vous vous décidez, vous l'enverrez à M. le maire, qui
» connaît notre position.

» Roanne. »

Le même jour, et presque à la même heure, elle recevait une autre lettre d'une jeune Rouennaise, qui lui disait :

« Qu'ayant très-souvent entendu vanter sa complai-
» sance et sa générosité, la présente était pour la prier de
» lui faire cadeau d'un piano de Paris, attendu que ses
» parents étaient pauvres et pas à leur aise, et que
» comme elle aimait beaucoup jouer de la musique, elle
» était sûre qu'elle pourrait tout comme une autre de-
» venir une bonne musicienne, et chanter en s'accom-
» pagnant. »

CHAPITRE XII.

La lettre se terminait par cette importante recommandation :

« Dans le cas où vous auriez celle de satisfaire mon
» désir, je vous engage à acheter l'objet chez *Plaielle* ou
» bien chez *Zérar*, vu que la demoiselle chez qui je tra-
» vaille dit que c'est chez ces marchands-là qu'on vend
» les meilleurs, et que pour un billet de mille on est sûr
» de ne pas être attrapé. »

Si vous aviez reçu ces trois lettres par le même courrier, qu'auriez-vous fait, cher lecteur ?...

Quels que soient vos appointements, ou votre fortune, je doute fort qu'en donnant *douze cents francs par jour*, comestibles non compris, vous économisassiez pour votre retraite six mille livres de rente, ou que vous les conservassiez longtemps si le hasard vous les eût données.

CHAPITRE XIII

Le conducteur de diligence. — Le relais. —
Le curé de campagne.

CHAPITRE XIII

Le conducteur de diligence. — Le relais. —
Le curé de campagne.

Une fois, cependant, Déjazet eut le courage de refuser un service qu'on venait réclamer de son obligeance ; elle venait d'être la dupe d'un chevalier d'industrie, et se tenait, par hasard, sur ses gardes.

Voici l'aventure :

Déjazet était dans sa chambre à coucher, en

tête-à-tête avec un volume de Victor Hugo, son poëte favori, lorsqu'on vint lui annoncer qu'un conducteur de diligence Laffitte demandait à lui parler; elle donna l'ordre qu'on le fît entrer au salon.

Un conducteur de diligence au salon? s'écriera avec étonnement quelque aristocratique grande dame.

Eh! mon Dieu, oui, au salon! Déjazet ne fait faire antichambre à personne, elle donne audience à tous, au pauvre comme au riche, au noble comme au roturier, à l'artiste inconnu comme au lion le plus renommé du faubourg Saint-Germain, et cela tout de suite, sans retard, sans façon, avec autant d'empressement que de grâce, avec autant de simplicité que d'esprit.

Le conducteur de diligence n'attendit donc point longtemps la grande artiste, et, d'ailleurs, l'endroit délicieux où il attendait était de nature à captiver assez vivement son attention, pendant les quelques minutes qu'il fut seul.

Le petit salon de l'appartement que Déjazet occupait alors passage Saulnier, et qu'elle occupe encore aujourd'hui, était tendu d'un papier grenat, sur lequel se détachaient de larges fleurs veloutées. Aux fenêtres, qui donnent sur une vaste terrasse, garnie de roses des quatre saisons, de dahlias doubles aux nuances diverses, de lauriers, de pâquerettes, de lilas et de myosotis, se drapaient de magnifiques rideaux en lourde étoffe de velours, qui foisonnaient également aux portières.

Ce salon était meublé avec un luxe artistique du meilleur goût.

Le conducteur de diligence ouvrit de grands yeux en voyant le vaste bureau en marqueterie sur lequel était exposée une couronne de pompons, liée par des dragonnes d'or, et qui fut donnée à l'éminente actrice par les officiers de l'école d'application de Metz. Cette couronne originale, mise sous verre, reposait sur un moelleux coussin de satin bleu ciel, voilé d'une dentelle d'Angleterre de la plus précieuse qualité.

Ce visiteur inconnu admira la bibliothèque en ébène, incrustée d'arabesques en or, dans laquelle Victor Hugo coudoie Lamartine, Béranger Jean-Jacques Rousseau, Chateaubriand Alexandre Dumas, et Molière la Bible!

Devant lord Byron, Walter Scott, Cooper, madame de Sévigné, le Sage, vêtus d'élégants habits de maroquins, s'étalent orgueilleusement, une à une, les superbes pièces d'un jeu d'échecs en ivoire, et des chinoiseries en porcelaine de Saxe du plus haut prix.

Un riche piano, également en ébène incrusté, chargé des bustes d'Achard et de Raucourt, puis de deux lampes Carcel montées sur de beaux vases du Japon aux dessins fantaques, attira encore l'attention du visiteur.

De chaque côté de la cheminée, garnie d'une

CHAPITRE XIII. 243

pendule en rocaille et de candélabres du style de la Renaissance, le conducteur vit aussi deux étagères à glace, de Boule, où les statuettes, les chinoiseries, les curiosités se heurtaient et se pressaient en si grand nombre, qu'il ne put les examiner toutes.

Ce brave homme ne se connaissait point en peinture, il ne remarqua pas deux petits tableaux délicieux, un Watteau et un Fragonard, dont Baroilhet, Audran, Surville ou Cachardy donneraient certainement un bon prix s'ils étaient à vendre ; mais il s'extasia devant toutes ces couronnes d'or, parées de larges rubans moirés, étiquetées aux noms des villes de Lyon, de Bordeaux, de Marseille, de Nantes, de Dijon, et qui dans leurs cadres ovales se détachent de la tapisserie et captivent les regards peu familiers à ce mobilier d'un genre tout spécial.

Il contempla avec admiration cet album en deuil dont j'ai déjà parlé, et sur lequel sont exposés, dans un médaillon, les cheveux du héros d'Austerlitz. Puis enfin, il ne put résister au désir de toucher de ses propres mains un petit épagneul en porcelaine de Saxe, qui est un des principaux ornements de la cheminée du salon. Sur cette cheminée, sont jetés négligemment, au pied des gazogènes, les daguerréotypes de la maîtresse de la maison, de ses deux enfants et de Paul son filleul, le fils d'Élise, dont jaurai l'occasion de parler bientôt.

Un autre eût examiné les daguerréotypes, mais le conducteur de diligence se contenta de tourner et de retourner l'épagneul en tous sens.

Il n'osait s'asseoir sur les tête-à-tête en S, ni sur le velours grenat des autres siéges élégants, et, cependant, un ouistiti de l'espèce la plus rare et la plus curieuse s'y pavanait effrontément. Marcher sur le tapis de Perse qui ornait ce salon, lui semblait un sacrilége. Bref, le pauvre conducteur se sentait fort mal à l'aise.

Son embarras, son étonnement et son admi-

CHAPITRE XIII.

ration auraient redoublé s'il eût pénétré dans la chambre à coucher de l'Étoile.

La chambre à coucher de Déjazet!... Quel est le mortel assez indifférent pour ne pas souhaiter connaître ce mystérieux petit réduit?

Pendant que le conducteur reste dans l'ébahissement le plus complet, jetons un regard indiscret dans le nid coquet de la charmante fauvette.

Ce qui frappe tout d'abord, en entrant dans cette chambre du goût du siècle de Louis XV, c'est un superbe *Christ* en ivoire, au milieu d'un large et sévère cadre d'ébène, appendu à la tenture en brocatelle bouton d'or piquée à losanges, agencée avec des ganses de soie et une triple baguette d'or.

Ce qui frappe tout d'abord, c'est un *Ave Maria* en caractères bibliques, peints de la main de Tourtois, le régisseur de Déjazet, artiste dramatique de talent, qui joue le rôle de Bellechasse dans les *Premières Armes de Richelieu* aussi bien que Levassor et Santeuil dans *Colombine*, mieux que qui que ce soit.

Un Christ et un Ave Maria dans la chambre à coucher de Déjazet ! Est-ce là ce que vous comptiez y trouver comme principaux ornements?....

L'ameublement, quelque somptueux qu'il soit, vous étonnera moins que ce Christ et cet Ave Maria.

Quand vous saurez que le lit de l'actrice est capitoné en soie pareille à la tenture, qu'au fond de ce lit se trouve une magnifique glace ovale, dont le cadre est recouvert de dentelle froncée et bordée par deux ruches de rubans bouton d'or, que la cheminée disparaît sous des rideaux de guipure (auxquels le feu a pris trois fois au moins, par parenthèse); quand vous saurez que deux élégantes étagères en bois de rose sont surchargées de bibelots antiques, de porcelaines du Japon, que la glace à biseau qui repose sur la cheminée, dans un cadre en porcelaine de Saxe, représentant les Nymphes et les Amours, a été donnée à Déjazet à l'occasion d'un baptême, par Alexandre Dumas, lorsqu'il fut son compère et qu'il jeta aux paysans de Seineport des pièces de monnaie en guise de bonbons; quand vous saurez qu'une gravure des plus rares du portrait de Talma, revêtue de l'autographe du grand tragédien, que les bustes de Potier et de madame Malibran, que le portrait de la petite fille de Déjazet et le portrait de sa mère sont placés depuis de longues années dans cette même chambre, qu'on voit aussi dans un large cadre en velours bleu la *Lisette* de Béranger copiée en lettres d'or et illustrée par ce quatrain charmant, écrit de la main de Frédéric Bérat :

> « En écoutant ton chant si frais et si léger,
> » Lisette, oui, la foule est ravie,
> » Chacun devient jaloux du sort de Béranger,
> » Et ce n'est pas alors sa gloire qu'on envie ; »

quand vous saurez que l'éclairage de cette pièce, semblable à celui du salon, s'effectue par la combustion d'esprit-de-vin renfermé dans des petits globes en cristal de Bohême aux mille jets ; que la descente du lit est en hermine ; que le tapis fond blanc aux mille fleurs est de moquette ; que la chaise longue, la chauffeuse à dossier matelassé sont recouvertes en satin bouton d'or ; qu'une large glace sans tain donne sur le salon ; que devant cette glace reposent sur une petite tablette de cristal un magnifique couroucou empaillé et une jardinière en bois de rose ; tout cela vous étonnera moins sans doute que d'apprendre qu'il y a dans la chambre à coucher de Déjazet un Christ et un Ave Maria. C'est cependant l'exacte vérité.

Mais revenons au conducteur de diligence.

Déjazet ne le fit pas longtemps attendre. Dès qu'Elise, sa femme de chambre, l'eut annoncé, elle ferma son livre et alla recevoir ce visiteur inconnu.

C'était un beau garçon de trente-huit ans environ, vêtu d'une veste brodée toute neuve, semblable à celles que portent d'ordinaire tous

CHAPITRE XIII.

les autres conducteurs de l'administration. Après avoir assez gauchement entamé la conversation, il finit enfin par instruire Déjazet du motif de sa visite.

— Vous allez probablement me trouver bien indiscret, madame, — lui dit-il ; — mais on vous fait si bonne et surtout si obligeante, que j'espère que vous me pardonnerez. Voilà ce que c'est en deux mots. Je suis à la veille de perdre ma place, faute d'un misérable billet de cinq cents francs qu'il faut que je remette d'ici deux jours pour mon cautionnement à l'administration, sans quoi je serai renvoyé... Depuis quinze jours, ma femme et moi nous courons de tous côtés pour nous procurer cette maudite somme ; pas moyen de la trouver. Les prêteurs d'argent veulent un gage, et, ma foi, je n'ai rien à leur donner qui ait à leurs yeux une valeur assez importante. Bref, je suis sans le sou ! il n'y a pas de honte à cela, mais j'ai deux filles et une femme à nourrir, et si je perds ma place, je ne sais trop comment je vivrai. Ma petite Gabrielle (c'est l'aînée de mes deux filles) m'a donné le conseil de m'adresser à vous. Elle a entendu dire par sa maîtresse d'apprentissage que vous étiez la Providence des malheureux, et, ma foi, quoique je comprenne bien que ma demande soit singulière et intempestive, je me suis tout de même hasardé à venir vous la faire.

Pendant que cet homme parlait ainsi, Déjazet examinait attentivement sa veste... une veste toute neuve!...

On était à l'époque du carnaval. Déjazet pensa d'abord qu'elle n'avait point 500 francs chez elle, puis ensuite que cette veste était un costume d'emprunt; que le prétendu conducteur était un aventurier qui voulait la duper comme tant d'autres, s'amuser à ses dépens, et rire ensuite de sa crédulité. Elle pensa que son ami Cuchetet, le plus grand sermonneur de tous ses intimes, lui reprocherait encore de jeter l'argent par les fenêtres, et justement elle attendait à dîner le soir même ce sévère mentor.

Cependant elle trouvait à ce conducteur un

air de bonne foi, une physionomie d'honnête homme, qui plaidaient fort en sa faveur. — Il est vrai, se disait-elle, que rien ne ressemble plus à un honnête homme qu'un fripon!

Enfin, après de longues hésitations, après avoir envisagé de nouveau cette veste neuve dont l'elbeuf lustré, tout récemment décati, les broderies fraîches et brillantes indiquaient le jeune âge; après s'être rappelé surtout que sa caisse était pour l'instant veuve de billets et d'écus, elle se décida à lui répondre :

— Ma foi, monsieur, vous venez dans un mauvais moment; hier j'ai payé mon terme, j'ai réglé les divers mémoires de mes fournisseurs, et je suis moi-même sans argent.

A ces mots l'homme à la veste neuve sourit péniblement, se leva et dit avec un profond sentiment de tristesse :

— J'en suis vraiment affligé, madame, moins à cause du véritable service que vous m'auriez rendu qu'à cause du grand plaisir que j'aurais eu d'être votre obligé.

Et il ajouta :

— C'est égal, je suis persuadé que vous m'avez dit la vérité, et que si vous aviez pu m'être utile, vous l'auriez fait tout de suite, car vous avez la figure d'une bonne personne. Pardon de vous avoir importunée.

Puis il se retira poliment.

Déjazet eut envie de le rappeler, de l'inviter à revenir le lendemain chercher la somme dont il avait besoin, et qu'elle se serait facilement procurée d'ici là.

Déjà elle portait la main à son cordon de sonnette... lorsque la veste du conducteur lui reparut tout à coup devant les yeux; elle s'écria :

— Décidément, ce n'est pas un conducteur de diligence, sa veste est trop neuve.

CHAPITRE XIII.

Et elle rentra dans sa chambre à coucher reprendre sa lecture.

Elle raconta le jour même l'aventure à ses amis; tous la félicitèrent vivement de ne s'être point laissé attraper cette fois encore par cet adroit filou.

On l'engagea à être dorénavant moins imprudente, à ne point recevoir ainsi le premier venu. On lui dit que cela pouvait avoir les conséquences les plus funestes, que chaque matin on apprenait par les journaux que d'effrontés voleurs s'introduisaient en plein jour dans les maisons bourgeoises sous des prétextes semblables à celui du prétendu conducteur de diligence, et une fois introduits, dévalisaient et assassinaient même très-souvent les imprudents qui les avaient reçus.

Bref, on l'effraya si bien, que toute la nuit elle eut d'affreux cauchemars, rêva chauves-souris, vols et assassinats.

Plusieurs années s'étaient écoulées depuis

cette visite du conducteur, et conséquemment elle ne songeait plus à cet homme, quand par un beau soleil d'été, elle se mit en route, pour aller donner des représentations à Caen.

En attendant qu'un chemin de fer desservît cette importante cité, elle avait pris le coupé des Messageries Générales pour elle et sa fidèle Élise, cette femme de chambre modèle, ou plutôt cette amie dévouée, cette confidente intime, qui, jusqu'à son dernier jour, et pendant trente ans de sa vie, lui donna de si nombreuses preuves d'attachement.

Afin de respirer à l'aise, et d'être moins gênée, Déjazet avait retenu et payé les trois places du coupé.

La troisième place était d'ailleurs très-convenablement occupée par un superbe ouistiti, le favori de l'actrice aimée.

Le lendemain au matin, quand l'heure du déjeuner fut venue, tous trois descendirent au relais et prirent un frugal repas.

CHAPITRE XIII.

Une grande salle basse, humide et enfumée, tel était le restaurant du lieu.

Les voyageurs affamés pouvaient seuls, dans leur empressement à satisfaire leur appétit, ne point remarquer la vétusté du mobilier, et la malpropreté du couvert de la table d'hôte.

Cependant, tous mangeaient avidement et précipitamment sur cette nappe avinée; tous buvaient dans ces verres...

> « Où les doigts des valets par la crasse tracés
> » Témoignaient par écrit qu'ils les avaient rincés. »

Déjazet ne se fit servir qu'un bouillon.

Son ouistiti était admiré par tous les voyageurs, et surtout par un vieux prêtre qui se tenait avec un homme en blouse à une petite table particulière placée à l'extrémité de la salle basse.

C'était la première fois que le vieux prêtre voyait un quadrumane de cette espèce. Aussi ne le quittait-il pas des yeux.

Il demanda à l'homme en blouse s'il savait le nom de ce joli petit animal, qui n'était guère plus gros qu'un écureuil.

L'homme en blouse, par la position qu'il occupait à la table du prêtre, tournait le dos à Déjazet, il se retourna pour voir l'animal.

Dans cet instant Déjazet donnait un morceau de sucre à son ouistiti.

L'homme en blouse poussa un cri de surprise en voyant l'actrice, et dit tout bas au vieux prêtre :

— C'est le ouistiti de Déjazet.

Le bon curé de campagne, car ce vieux prêtre était le curé d'un village voisin, ne comprit pas.

— C'est que monsieur le curé, reprit aussitôt l'homme à la blouse, ne sait peut-être pas ce que c'est que Déjazet ?

— J'avoue mon ignorance.

CHAPITRE XIII.

— Eh bien, monsieur le curé, c'est une comédienne et une excellente femme.

— Bah!... — s'écria le vieillard en regardant avec curiosité celle dont on venait de lui dire le nom, — elle a un bien joli singe.

— Et un bien joli talent, elle chante comme une fauvette.

— Déjazet! répéta le vieux prêtre en cherchant dans ses souvenirs... Déjazet! En effet, ce nom-là me revient, je l'ai vu plusieurs fois dans *la Quotidienne*.

— Dans le feuilleton du lundi?

— Précisément.

— C'est l'idole de tout Paris.

— Ah! c'est là cette célèbre actrice. Elle me paraît bien distinguée pour une comédienne, ne vous trompez-vous pas?

— Oh! monsieur le curé!... quand on a vu cette femme-là une fois, on ne l'oublie jamais; il n'y a pas sa pareille sur le globe.

— Et vous dites que son singe se nomme ?

— Un ouistiti.

— Vous êtes bien sûr ?

— On peut en avoir le cœur net.

L'homme à la blouse se leva, marcha droit à Déjazet, et lui dit : — N'est-ce pas, mademoiselle Déjazet, que votre singe s'appelle un ouistiti ?

On juge si Déjazet dut être étonnée de se voir ainsi interpeller dans cette auberge de Normandie, où elle ne se croyait certes pas en pays de connaissance.

— Vous ne me reconnaissez pas ? — reprit l'homme à la blouse, après un moment de silence, pendant lequel Déjazet cherchait quel pouvait être cet homme, qu'elle se rappelait cependant avoir vu quelque part.

— Je suis...

— Vous êtes, s'écria-t-elle tout à coup, en l'interrompant, le conducteur de diligence, qui

CHAPITRE XIII.

vint, il y a cinq ans, m'emprunter cinq cents francs pour parfaire son cautionnement.

— Juste.

— Et que faites-vous ici?

— Je suis le maître de poste du pays, et je viens jeter un coup d'œil sur le service du relais.

— Maître de poste! mais c'est une belle position, il me semble.

— Cela vaut toujours mieux que d'être conducteur de diligence, c'est pourquoi j'ai quitté l'état.

— Mais il vous a fallu un certain petit pécule pour vous établir.

— J'ai trouvé de braves gens, qui m'ont prêté la somme nécessaire sur ma bonne mine.

— Cette fois, vous avez eu plus de chance qu'avec moi, à ce qu'il paraît.

— Ah! je sais bien que j'aurais eu la même chance avec mademoiselle, si le jour où je me suis adressé à elle, eût été son jour de paye.

—Ma foi, peut-être, mon cher monsieur, car, je vous l'avouerai naïvement, je vous ai pris pour un escroc.

— Ah ! madame...

— Pardonnez-moi, mais vous aviez une veste brodée toute neuve, qui vous a fait le plus grand tort dans mon esprit.

— En vérité ?

— Rien n'est plus vrai.

— Moi qui l'avais mise pour me présenter plus décemment, et pour avoir un air plus distingué.

— Eh bien ! mon cher monsieur, c'est justement votre air distingué qui a éveillé ma défiance.

Le maître de poste, qui n'était point un sot, rit beaucoup de cet aveu plein de franchise et de l'effet qu'il avait produit.

Les dix minutes qu'on accordait pour déjeuner étant écoulées, le conducteur s'écria :

CHAPITRE XIII.

— Messieurs les voyageurs, en voiture, s'il vous plaît ! » Et chacun s'empressa de reprendre sa place dans l'étroit véhicule.

Il faisait une chaleur excessive.

Le curé de campagne, qui était obèse et de plus octogénaire, semblait souffrir de cette chaleur plus que tout autre voyageur. Sa bonne joyeuse figure était inondée de sueur ; il occupait la sixième place de la rotonde et avait pour voisines deux nourrices ornées de leurs deux nourrissons.

Le maître de poste, à qui le saint homme avait exprimé tout ce qu'il avait souffert de ce voisinage pendant la route, s'aperçut, en reconduisant Déjazet jusqu'au coupé, qu'elle occupait seule avec sa femme de chambre ce paradis de diligence, et lui demanda si elle voulait donner l'hospitalité pour une heure ou deux à ce bon vieux curé qui retournait à son presbytère.

L'actrice sourit à son tour de cette singulière demande, et fit remarquer que ce digne ministre de Dieu ne serait peut-être point du tout flatté de se trouver côte à côte avec un suppôt de Satan.

Le maître de poste affirma que le curé savait qui elle était, et qu'il accepterait avec reconnaissance la place du coupé.

—Eh bien! alors, allez la lui offrir de ma part.

Le maître de poste ne se le fit pas dire deux fois.

Il courut ouvrir la porte de la rotonde et s'acquitta promptement de sa commission pendant que le conducteur était encore occupé à charger les bagages d'un nouveau voyageur qui venait de monter à l'instant sur l'impériale.

Le vieux curé accepta avec autant de plaisir que de curiosité une proposition qui lui procurait le double avantage d'être délivré de deux nourrices dans l'exercice de leurs fonctions et de jouir de la conversation d'une ac-

CHAPITRE XIII.

trice que *la Quotidienne* disait être une des femmes d'esprit du dix-neuvième siècle.

Il se hâta donc de quitter ses compagnons de voyage de la rotonde, aussi prestement que le lui permettaient ses quatre-vingt-quatre ans, puis s'appuyant sur le maître de poste, heureux et souriant, il monta dans le coupé avec l'aide de Déjazet, qui lui tendit gracieusement sa petite main gantée, tout en adressant un dernier adieu au maître de poste et en lui disant : — que si jamais il avait besoin d'elle, eût-il cette fois une veste neuve brodée sur toutes les coutures, elle ne le congédierait point sans lui accorder l'objet de sa demande.

A peine avait-elle dit ces quelques mots, à peine le vieux curé de campagne avait-il pris place à la droite de la célèbre Frétillon, que la diligence partit au grand trot de cinq chevaux normands.

Le maître de poste, seul au milieu de la route, suivit longtemps des yeux la diligence jusqu'à ce que, voilée par un nuage de poussière, il la perdit entièrement de vue, jusqu'à ce qu'il n'entendît plus le bruit de ses ferrailles et de ses grelots.

Quelque spirituel qu'on soit, quelque habitude du monde qu'on puisse avoir, il est très-difficile, pour ne pas dire impossible, d'entamer une conversation entre inconnus, sans recourir à certains lieux communs ressassés depuis l'origine de la politesse française.

C'est à ce catéchisme des gens timides que le bon curé eut d'abord recours.

— En vérité, madame, je ne sais vraiment comment vous remercier du service que vous daignez me rendre, balbutia le vieux prêtre en rougissant comme une jeune fille.

— Comment donc, monsieur le curé, répondit Déjazet, qui se sentait intimidée aussi, c'est au contraire moi qui dois me féliciter du bienheureux hasard qui me permet de...

— Pas du tout, mademoiselle, c'est moi qui

suis votre obligé. Sans vous j'étouffais... et par conséquent, c'est moi qui dois me féliciter...

— Eh bien! monsieur le curé, félicitons-nous mutuellement alors.

Le vieux prêtre sourit en inclinant légèrement la tête, et le plus complet silence suivit ces quelques paroles échangées de part et d'autre.

Décidément la conversation avait de la peine à s'établir.

Le vieux curé était embarrassé.

L'actrice était réservée.

Quant à Élise, la camériste de Déjazet, elle n'avait pas la parole, et d'ailleurs elle se trouvait si heureuse de voir un prêtre auprès de sa maîtresse, qu'absorbée dans sa contemplation méditative, elle ne songeait point à parler.

Ce fut Kiki, l'effronté ouistiti, qui, sautant sans façon sur les genoux de l'abbé pour jouer familièrement avec son rabat, donna l'occasion à Déjazet de rompre un silence qui menaçait de se prolonger indéfiniment.

— Eh bien ! Kiki, qu'est-ce que ces manières-là ?—s'écria-t-elle. —Voulez-vous bien venir ici, petit mal élevé? Voilà une belle conduite, ma foi !

Elle voulut retirer l'indiscret animal, mais le vieux curé retint le singe entre ses bras, le caressa, et pria sa maîtresse de lui pardonner cette légère incartade.

— C'est à lui que je dois le plaisir de savoir votre nom et de me trouver auprès de vous, madame ; je lui dois trop, pour ne pas intercéder en sa faveur, et vous êtes trop bonne, dit-on, pour accueillir la prière d'un vieillard par un refus.

— Mais pardonner à un coupable, n'est-ce pas l'encourager à mal faire, monsieur l'abbé ?

— Mais repousser la prière d'autrui, n'est-ce pas s'exposer à voir repousser les siennes, madame ?

CHAPITRE XIII.

— En ce cas, monsieur l'abbé, je pardonne et sans punir, j'ai trop besoin de voir exaucer mes prières, pour ne point céder à la vôtre.

— Vous priez donc aussi quelquefois, madame ?

— Souvent, monsieur l'abbé.

— Je croyais que vous étiez de la race heureuse et privilégiée de celles qui commandaient et charmaient toute leur vie.

— Hélas ! monsieur l'abbé, plus une femme commande et charme, plus elle a besoin de prier !..

Un nouveau silence succéda à ces dernières paroles, il fut de courte durée; mais assez long cependant pour que le prêtre eût le temps de remarquer dans la physionomie de l'actrice une expression de mélancolique rêverie, qui avait succédé avec la rapidité de l'éclair à l'air caustique et enjoué qui animait tout d'abord ce visage spirituel et moqueur.

— Plus elle a besoin de prier.... qui ?...

reprit le vieux curé, qui n'était pas encore certain d'avoir bien compris.

— Mais celui que toutes les créatures humaines doivent prier; leur Créateur, leur Dieu.

— Vous croyez donc en Dieu ?

— Mais certainement, monsieur l'abbé.

— Et vous le priez ?

— Tous les jours.

— Vraiment ?

— Je vous le jure.

La figure du bon curé s'illumina tout à coup, et la jubilation la plus complète se peignit sur tous ses traits.

Déjazet remarqua ce changement subit.

Le vieillard lui avait pris la main et la serrait affectueusement. Sa physionomie exprimait le plus vif étonnement.

CHAPITRE XIII.

— Vous paraissez aussi surpris, reprit-elle, que je ne sais plus quel duc qui me suivit certain soir dans l'église des Petits-Pères, et qui s'écria en me barrant le passage : « — Eh quoi ! » c'est vous, Déjazet, qui priiez avec cette fer- » veur, agenouillée sur les marches nues de » l'autel... — Ce cher duc ne voulait pas en croire ses yeux ; il courut dire ce qu'il avait vu à tout le faubourg Saint-Germain.

— Ainsi vous allez régulièrement aux offices? s'écria le vieux prêtre émerveillé.

— Ah! permettez, je n'ai point dit cela, je hante les églises et particulièrement l'église des Petits-Pères, pour laquelle je me sens une prédilection toute particulière: mais je vais dans les temples aux heures où ils sont habituellement déserts.

— Et pourquoi donc?

— Oh! pour plusieurs raisons...

— Mais lesquelles?

— D'abord, je ne serais nullement flattée

de produire sur les fidèles, le même étonnement que je produisis sur le duc, je n'aime point à me donner en spectacle dans une église ; on pourrait croire que je vais à la messe pour me faire remarquer et par hypocrisie, et ce serait un grand chagrin pour moi d'apprendre quelque jour qu'on a ridiculisé mes croyances religieuses et mes prières.

— Et que vous importe ce que dirait le monde, si votre conscience, ma chère enfant, vous dit que vous faites bien ?

— Oui, mais ma conscience me dit qu'il ne faut point heurter de front les préjugés. Or, il est convenu que Déjazet ne croit à rien, et le monde ne reviendra point sur cette conviction.

— Il dépend de vous de l'en faire changer.

— Comment cela ?

— En lui donnant un formel démenti par vos actions.

— Je vous le répète, on me traiterait de grimacière, ou bien encore on dirait que quand

CHAPITRE XIII.

le Diable devient vieux il se fait ermite ; et puis, vous l'avouerai-je, je préfère la solitude et l'isolement pour prier. Il me semble qu'alors on est plus avec Dieu. Distraite par nature, mon âme ne peut se recueillir au milieu du bruit et des chants religieux. Si je suis dans une chapelle de village, vos chantres avec leurs voix discordantes et rauques m'agacent et m'irritent, et je me surprends à maugréer contre eux, au lieu de songer à Dieu ; si je vais à Saint-Roch ou à la Madeleine, les voix vibrantes et argentines des enfants de chœur, les compositions touchantes du maître de chapelle, les accords mélodieux et solennels de l'orgue me charment et m'enivrent ; j'oublie le lieu saint où je suis, j'analyse mentalement les accords, je me rends compte de l'harmonie, je vocalise tout bas, je songe à la musique et je ne songe plus à Dieu. D'ailleurs, ajouta-t-elle, en s'animant par degré, je ne comprends réellement pas qu'on prie à jour et à heure fixe, qu'on dise la prière de tout le monde. Je n'ai jamais pu trouver dans mon eucologe l'expression exacte du besoin qui m'amenait au pied des autels ; aussi ai-je toujours improvisé mes prières ; elles sont peut-être moins poétiques, mais au moins elles ont le mérite de bien traduire mes pensées, d'être mon véritable langage, d'être à la portée de mon esprit; et ce qui me fait persévérer dans cette habitude, que vous devez trouver bien étrange et en dehors des lois de l'église, c'est qu'en agissant ainsi je comprends naturellement mes prières, et je les dis alors avec un véritable recueillement, avec une ardente ferveur.

— Toutes les prières sont agréables à Dieu lorsqu'elles partent du fond du cœur, mon enfant.

— Vous dites cela, mais je parierais, monsieur l'abbé, que dans votre pensée intime, vous trouvez que je suis une bien effrontée pécheresse d'oser vous parler ainsi?

— Eh bien, chère enfant, vous perdriez votre pari. Je suis au contraire étonné et ravi de ce que je viens d'apprendre.

— Vous vous moquez?

CHAPITRE XIII.

— Non, sur l'honneur... Lancée comme vous êtes dans le tourbillon des enivrements du monde, vous pouviez comme tant d'autres oublier Dieu, jusqu'au jour de l'adversité, mais vous vous souvenez de lui, vous l'invoquez au milieu de vos succès et de votre gloire, cela est bien, cela vous portera bonheur, mon enfant. Continuez à l'aimer et à le prier à votre façon. Plus tard, lorsque votre imagination sera moins ardente, lorsque votre vie sera moins remplie, peut-être comprendrez-vous mieux les devoirs que l'Église impose, mais ne dussiez-vous jamais les comprendre autrement qu'aujourd'hui, vous n'en serez pas moins digne de l'indulgence du Seigneur, et il aura égard, dans sa bonté infinie, à l'excellence de vos intentions, soyez-en certaine.

— Vous le croyez ?

— J'en suis convaincu.

— Vous n'avez donc pas de moi une trop mauvaise opinion ?

— C'est-à-dire, chère fille, que j'en suis aux

regrets ne ne pouvoir avoir l'honneur de cultiver votre connaissance.

— Ah! madame, le bon prêtre! s'écria en sanglottant la pauvre Élise, qui ne put garder plus longtemps le silence.

La bonne fille, qui adorait sa maîtresse, était si heureuse d'entendre un saint homme tenir un tel langage, que des larmes d'attendrissement inondaient ses yeux.

Déjazet elle-même dissimulait avec peine une vive émotion.

— Ma bonne Élise, lui dit-elle, monsieur l'abbé est un homme du monde, je lui ai rendu un léger service, il se croit mon obligé, et c'est par politesse qu'il se montre aussi tolérant.

— Non pas, mon enfant, c'est par sympathie, c'est parce que je lis dans votre physionomie ouverte et franche comme je lirais dans mon bréviaire, et que, depuis une heure que nous voyageons ensemble, j'y ai déjà découvert de belles et bonnes qualités. Ah ! madame, il n'y a point que les artistes qui soient observateurs, nous autres prêtres, c'est aussi notre état... Et tenez je veux vous donner une preuve convaincante de cette sympathie que je ressens pour vous. Dans quelques instants je serai arrivé dans mon petit village ; vous continuerez votre voyage, je suis bien vieux, j'ai quatre-vingt-quatre ans, je n'irai plus à Paris, il n'y a point de théâtre dans mon pays, vous n'y viendrez probablement point et peut-être en ce monde, ne nous reverrons-nous plus jamais... Eh bien, je serais heureux de garder un souvenir de cette agréable rencontre. Si une fois arrivée à Caen, vous vous rappelez encore le vieux curé de R***, eh bien, envoyez-lui un ornement quelconque pour sa pauvre chapelle.. Vous demanderais-je une offrande pour Dieu, si je vous trouvais indigne de lui faire un don ? sollicite-t-on des présents de ceux qui vous inspirent du mépris ? croyez-vous que je parerais mon autel chéri d'objets qui me viendraient d'une personne que je rougirais de nommer ? Le croyez-vous ? dit le vieillard en lui tendant paternellement la main.

Déjazet la saisit avec empressement et la serra sans dire un mot, tant son émotion était grande.

Élise se moucha très-fort, pour avoir une occasion d'essuyer ses larmes.

— Eh bien! dites, ma chère enfant, m'enverrez-vous un souvenir?

— Pour votre chapelle?

— Pour ma chapelle.

— Oh! je n'aurai garde d'y manquer.

— Bien vrai?

— Ma première emplette en arrivant à Caen sera pour vous.

— Vous m'en faites la promesse?

— Je vous en donne ma parole.

— Moi, j'ai le regret de ne pouvoir rien vous offrir en échange.

— Pardonnez-moi, monsieur le curé, vous pourrez dire demain, au pied de votre autel,

CHAPITRE XIII.

une courte prière, pour que Dieu ne m'abandonne pas.

— Je la dirai demain et tous les jours, mon enfant.

— Vous m'en faites la promesse?

— Je vous en donne ma parole de prêtre et d'homme d'honneur.

Ici la conversation fut brusquement interrompue.

On était arrivé à un nouveau relais.

La diligence s'arrêta.

Le bon vieux curé descendit, et regagna pédestrement son village qu'on apercevait loin de la grande route à l'horizon.

. . . .
. . . .

A peine Déjazet fut-elle arrivée à Caen, qu'elle s'empressa d'acheter deux beaux vases sacrés qu'elle envoya au curé du petit village de R***.

Quelque temps après, elle reçut une lettre de remercîments du bon vieillard.

Le bon curé lui disait que son magnifique présent faisait l'admiration de tous ses paroissiens, et qu'ils n'avaient jamais mis autant d'empressement à assister régulièrement aux offices avant le jour de l'exposition des vases sacrés donnés à la chapelle par Mlle *Déjazet*.

« Tout le pays sait que c'est à vous que je suis redevable d'une aussi généreuse offrande, écrivit l'abbé, mais tout le pays ignore que c'est pour vous que je prie chaque soir après l'Angélus !!! »

CHAPITRE XIV

Le pari du major. — La Lisette sur la plage. —
Pour les pauvres, s'il vous plaît. —
Le sacrilége.

CHAPITRE XIV

Le pari du major. — La Lisette sur la Plage. —
Pour les pauvres, s'il vous plaît. —
Le sacrilége.

Les représentations que Déjazet donna à Caen furent très-suivies et très-productives; aussi M. Solomé, qui dirigeait alors le théâtre, fort satisfait des recettes, ne voulut point laisser partir la spirituelle actrice sans offrir un banquet en son honneur. Il convia tous les artistes de sa troupe à ce joyeux festin, et pour que la fête eût un aspect plus enchanteur, il emmena

Déjazet, ainsi que la caravane des invités, à Luc, délicieux petit village à quinze kilomètres environ de Caen et situé au bord de la mer.

Après un dîner aussi bien servi qu'on pouvait l'espérer dans un village du Calvados, Déjazet et tous les convives allèrent se promener sur la plage, pour admirer le coucher du soleil.

Luc-sur-Mer ainsi que le Tréport, est, à l'époque des bains, un des rendez-vous de ce qu'on est convenu d'appeler la bonne compagnie, aujourd'hui que tous ceux qui possèdent quelques louis, une élégante toilette et de l'audace sont considérés, recherchés et honorés; aujourd'hui qu'on juge tout, femmes et hommes, sur l'apparence, sur l'habit.

Ce soir-là, tous les baigneurs étaient sur le port, toutes les nobles étrangères, les dames du monde, et du demi-monde étaient venues aspirer l'air embaumé, et étaler aux yeux de la foule curieuse, soit un nouveau mantelet, soit un nouveau chapeau, soit une robe nouvelle.

Les jeunes beaux se promenaient nonchalamment le cigare aux lèvres et le lorgnon à l'œil.

— Tiens, Déjazet! s'écria tout à coup l'un d'eux en passant près d'elle.

Et aussitôt tous ces oisifs, tous ces frelons paresseux, vinrent bourdonner et voltiger autour de l'abeille légère.

Déjazet! — Déjazet! — Déjazet!!! entendait-on murmurer de tous côtés, et chacun se retournait précipitamment pour la regarder.

— Vous errez, cher bon, — dit avec aplomb un beau blond à la moustache rouge et démesurément longue. Avant-hier je l'ai vue jouer à Paris, dans *le Capitaine Charlotte.*

— Avant-hier?

— Avant-hier!

— A Paris?

— Eh! parbleu! oui, à Paris!

— Ah ! voilà qui est extraordinaire, reprit celui qui avait reconnu le premier l'actrice. — Moi qui l'ai vue, avant-hier, jouer Richelieu à Caen.

— Avant-hier, samedi?

— Avant-hier, samedi !

— A Caen ?

— Eh ! pardieu ! oui, à Caen !

— Je vous réitère, cher bon, que vous errez complétement.

— Et moi, je vous affirme, mon très-bon, que je dis l'exacte vérité.

— Vous affirmez alors que j'en ai menti ?

— Je soutiens que vous vous êtes trompé, et voilà tout.

— Mais je vous répète que je l'ai vue, de mes yeux vue, ce qui s'appelle vue.

— Messieurs, dit lentement un major retraité qui avait tout entendu sans mot dire, — il est évident que l'un de vous est dans l'erreur.

CHAPITRE XIV.

— C'est lui.

— C'est vous.

— C'est vous, ou lui, — reprit d'une façon magistrale le major retraité qui se posait en homme grave. — Quel que soit le talent de Déjazet, je n'ai point encore ouï dire qu'elle eût celui de jouer le même soir à Paris et à Caen; j'ajouterai même que cela me paraît assez surnaturel et, l'avourai-je? peu croyable...

— Et qui prétend cela? — s'écrièrent ensemble les deux jeunes gens.

— Mais vous le prétendez tous les deux, mes très-honorables amis, puisque vous, mon cher vicomte, vous avez vu ce qui s'appelle vu, jouer Déjazet à Paris, et que monsieur affirme qu'il l'a vue jouer à Caen.

— Eh bien?

— Et bien?

— Eh bien? — répétèrent l'un après l'autre les trois amis en se regardant.

— Est-ce matériellement possible? je vous le demande, dit le major.

— Eh! non, sans doute!

— Donc, l'un des deux...

— Erre.

— Erre, soit... c'est votre mot, — vous y tenez, je l'adopte. Mais quel est celui qui erre, voilà la question?

— Je parie vingt-cinq louis contre une bouteille de champagne que c'est Emmanuel, — dit le jeune vicomte Gustave de K*** qui arrivait de la capitale.

— Je tiens le pari, s'écria le major.

— C'est entendu. — Et ils se touchèrent la main.

— Et moi je parie cent louis contre un sou que c'est Gustave, — reprit vivement le jeune homme qui venait de Caen et qui s'appelait Emmanuel.

CHAPITRE XIV.

— Je tiens le pari, — s'écria plus vivement encore le même major retraité.

— Qu'est-ce à dire, vous pariez des deux côtés, contre Gustave et contre moi?

— C'est mon droit, répondit tranquillement le major, — pourvu que je paye dans les vingt-quatre heures, que vous importe?... et d'ailleurs, pour que vous n'ayez aucune crainte, je dépose immédiatement mon enjeu entre les mains d'un tiers.

En disant ces mots, le major tira de sa poche une pièce de cinq francs et un sou tout neuf qu'il remit à l'un des nombreux témoins du pari.

— Allons, messieurs, faites comme moi, exécutez-vous... Allons, allons, vingt-cinq louis, mon cher Gustave, et vous cent louis, mon bien bon Emmanuel.

Les deux jeunes gens hésitèrent un instant, mais l'amour-propre l'emporta sur l'intérêt.

On formait cercle autour d'eux, et ceux qui

composaient la galerie attendaient avec une impatience narquoise le résultat du pari du major.

Le jeune Gustave tira un billet de cinq cents francs de son portefeuille.

Le bon Emmanuel n'avait que mille francs sur lui, il les donna résolûment en à-compte au dépositaire des cinq francs cinq centimes de sa partie adverse.

Le jeune Gustave remit les vingt-cinq louis dans les mêmes mains.

— Mais, major, vous êtes sûr de perdre, dit naïvement le vicomte, Parisien fraîchement débarqué.

— Il est vrai, jeune homme.

— Mais, major, vous êtes sûr de gagner, — s'écria Emmanuel, qui finissait enfin par comprendre le tour de roué que venait de leur jouer le vieux renard.

CHAPITRE XIV.

— C'est plus que probable, mon bien bon, répondit froidement le major.

Toute la galerie partit d'un désopilant éclat de rire.

Les parieurs seuls ne riaient point.

Le jeune vicomte cherchait encore dans son esprit, fort paresseux, comme on peut en juger, quel était le motif de cette hilarité générale.

Le major, qui avait hâte de savoir ce qu'il empocherait de ce pari singulier, s'approcha de Déjazet, et après l'avoir saluée fort poliment, lui demanda si c'était à Paris ou à Caen qu'elle jouait avant-hier?

— Avant-hier samedi?

— Oui madame.

— Avant-hier, monsieur, je me suis reposée, et je n'ai joué ni à Caen ni à Paris. — Et

Déjazet continua sa promenade sur la jetée.

Les éclats de rire redoublèrent.

Le major gagnait des deux côtés, et les cinq francs cinq centimes qu'il avait sacrifiés dans l'unique but d'avoir cinq cents francs, non-seulement lui rapportaient deux mille cinq cents francs, mais encore lui revenaient.

— Ah ! pour le coup, — s'écria-t-il, — voilà un résultat qui surpasse mes espérances... Messieurs, il ne sera pas dit que le major Boniface de Kristinffieldt empochera cet argent comme un grigou, je vous invite tous à souper.

— Bravo, bravo ! s'écrièrent tous les jeunes gens rassemblés.

L'adroit major, après avoir habilement spéculé sur le hasard, spéculait maintenant sur la gourmandise, ce péché capital que tant de gens commettent avec plaisir. Il savait bien qu'une fois que cette jeunesse friande aurait bu une faible part du produit du pari, elle n'oserait pas

CHAPITRE XIV.

contester sa légitimité, que c'était un excellent moyen d'empêcher toutes les récriminations et de prendre l'argent des jeunes fous, sans le plus léger scrupule.

Le dépositaire remit sur-le-champ les quinze cent cinq francs cinq centimes qu'il avait entre les mains au major Boniface de Kristinffielt. Quant aux mille francs qui restaient dus par Emmanuel, il s'engagea sur l'honneur à les donner le soir même au major.

L'orgueil des deux perdants était trop colossal pour qu'il leur permît de hasarder la plus légère observation.

Le comte se contenta de tirer de sa poche *l'Entr'acte* du samedi, sur lequel figurait effectivement le nom de Déjazet dans la distribution du *Capitaine Charlotte*, vaudeville qui avait été réellement représenté ce samedi-là au théâtre du Palais-Royal. Seulement c'était Aline Duval qui jouait le principal rôle, et non pas Déjazet. On avait oublié de substituer sur ce journal le nom de la nouvelle interprète à celui de la créatrice. Cet oubli coûta cinq cents francs au jeune vicomte, qui avait quitté le théâtre Dormeuil avec la conviction intime d'avoir vu jouer Déjazet.

Quant à Emmanuel, il avait en effet applaudi la célèbre artiste à Caen, mais c'était le vendredi, et non pas le samedi, il s'était trompé d'un jour, et paya deux mille francs cette petite erreur.

Tous les promeneurs connurent bientôt le pari du major. Le jeune et beau vicomte le racontait lui-même à toutes les dames, en affectant de le trouver original, et particulièrement à *sa* petite duchesse, qui était sans contredit la plus belle personne qui fût en ce moment à Luc. La duchesse de G*** lui dit :—Mon cher vicomte, vous devriez demander à Déjazet de nous chanter *la Lisette,* ce serait pour vous un excellent moyen d'apprécier son talent, et de ne plus être exposé, à l'avenir, à ne connaître les célébrités que par *l'Entr'acte.*

Les dames qui accompagnaient la duchesse partagèrent son avis.

— Excellente idée!—exclama le jeune étourneau. — Je vais lui dire de nous chanter quelque chose, ça nous amusera, et ça la flattera.

Et sans réfléchir à ce que sa demande avait de ridicule et d'inconvenant, il se mit à courir après Déjazet, et la pria sans façon de vouloir bien chanter *la Lisette* devant la duchesse de G***, à qui cela ferait le plus grand plaisir, ainsi qu'à toute sa société.

On juge de l'effet que produisit cette demande singulière. Une autre femme moins spirituelle que Déjazet en eût été blessée.

— Chanter *la Lisette!* et où cela, monsieur? sur la plage?... Je vous dirai franchement que je n'ai pas l'habitude d'une aussi vaste scène, lui répondit-elle, et je craindrais fort que ma voix ne brillât point sous cette coupole céleste.

— Eh! qu'importe, mademoiselle? nous ferons la part de l'acoustique... De grâce, ne me refusez pas, cédez à l'ardente prière de l'amateur le plus enthousiaste de votre sublime talent. Toute la noblesse de Luc vous supplie par ma voix.

— La noblesse de Luc est en vérité bien aimable... mais, malgré tout le plaisir que j'aurais à lui être agréable, je ne puis cependant pas chanter en plein vent pour lui plaire, n'ayant pour tout accompagnement que le bruit produit par les vagues qui viennent se briser contre le rivage.

— Je vous assure, mademoiselle, que cet accompagnement pittoresque en vaut bien un autre.

— C'est possible, monsieur, mais je le trouve trop bruyant, et surtout trop imposant.

— Ainsi, mademoiselle, vous me refusez ?

— J'ai ce chagrin.

— Mais pour quel motif ?

— Pour ce motif, que pour chanter, je n'ai pas de... motif !

— Comment? moi qui tenais tant à vous entendre !

— Vraiment ?

— Pouvez-vous en douter ?

—Eh bien! alors, trouvez une raison, un prétexte qui me permette de chanter.

— Mais il me semble que les sollicitations de ces dames, que mes prières réitérées...

Déjazet l'interrompit en lui disant:

— Il doit y avoir des pauvres dans ce pays... n'est-ce pas?

— Des pauvres? s'il y en a !.. c'est-à-dire qu'on en est infecté, ils fourmillent.

— En ce cas, allez dire à vos nobles dames, ainsi qu'à vos amis, que, puisqu'ils sont tous si désireux de m'entendre, je chanterai dans une heure *la Lisette* au profit des pauvres de Luc.

— Ah! vivat !

—Seulement, au lieu de chanter en plein

vent, ce qui serait faire une concurrence nuisible aux intérêts des saltimbanques de la localité, je chanterai dans la grande salle de l'hôtel où nous avons dîné. Pensez-vous que vos amis et ces dames consentent à aller jusque-là ?

— Pour vous entendre ? ils iraient jusqu'au bout du monde !

— Alors, c'est convenu, dans une heure, à l'hôtel.

— Dans une heure.

Le jeune vicomte retourna près de la duchesse et des autres nobles dames, leur apprendre l'heureuse promesse que Déjazet venait de lui faire.

Quelques minutes après, tous les promeneurs, tout le pays savaient que Déjazet allait chanter *la Lisette*.

On se rendit en toute hâte à l'hôtel indiqué.

On disposa la salle principale du restaurant,

de façon à contenir autant de spectateurs qu'il serait possible; une ligne de démarcation établie par six chandelles allumées, plantées sur le parquet et formant une espèce de rampe, interdisait l'entrée du théâtre au public.

La salle était pleine depuis longtemps, lorsque Déjazet, exacte à l'heure, suivant sa coutume, vint tenir la parole qu'elle avait donnée. Toutes les dames artistes dramatiques de la ville de Caen se groupèrent autour d'elle, et accompagnée par un violon et une flûte, elle chanta *la Lisette*, ainsi qu'elle l'avait promis au jeune vicomte. Son succès fut immense, et les deux cents spectateurs qui jouirent de cette scène improvisée ne furent point avares d'applaudissements.

Quand Déjazet eut satisfait tous les bis que, dans son exigeant enthousiasme, ce public distingué réclama et obtint d'elle, l'actrice aimée, escaladant la rampe, vint sans façon, une assiette à la main, commencer sa quête.

— Pour les pauvres de Luc, s'il vous plaît,

— disait à chacun l'aimable quêteuse, et chaque spectateur l'évitait adroitement et sortait précipitamment de la salle, suffoqué, soit-disant, par la chaleur... Ils étaient deux cents, la quête produisit *quarante-cinq francs !* encore dans cette somme était comprise l'offrande du major Boniface de Kristinffieldt, qui était de *cinq francs...* la seule pièce de cinq francs qui figurât parmi les petites pièces de cinquante centimes qui dansaient effrontément en majorité dans l'assiette de porcelaine.

Déjazet, honteuse et confuse d'une aussi mince récolte, eût voulu pouvoir en cacher le prix, pour l'honneur même de ce public choisi, mais les témoins du fait étaient trop nombreux; elle se contenta de tirer cinquante-cinq francs de son porte-monnaie et de les joindre à la collecte pour la rendre présentable.

Les artistes de Caen trouvèrent ce beau monde si ladre, que, dans leur juste indignation, ils ne ménageaient point les quolibets sur la générosité des baigneurs de Luc.

CHAPITRE XIV.

La duchesse, informée du produit de la quête, vint trouver Déjazet au moment où celle-ci se disposait à monter en voiture pour retourner à Caen, et demandait au maître d'hôtel s'il voulait se charger de remettre au maire du pays sa mince collecte.

— Madame, — dit la duchesse, — j'apprends à l'instant que votre généreuse complaisance a été bien mal récompensée. Je comprends combien votre susceptibilité doit être blessée, et je partage l'humiliation que vous devez ressentir de la conduite des habitants de Luc. Veuillez me permettre de vous imiter et d'ajouter à cette pauvre collecte quelques louis..... Mais j'y songe, voulez-vous, puisque vous partez, que je donne demain moi-même, en votre nom, votre offrande au maire? j'y joindrai cent francs pour ma part.

— Très-volontiers, répondit Déjazet, — et elle remit avec empressement la somme entre les mains de la noble et belle duchesse, dont la distinction, l'élégance et la beauté lui inspirèrent la plus grande confiance.

La duchesse se montra très-aimable avec l'actrice, lui fit mille compliments, et ne la quitta qu'à l'instant même du départ.

— A la bonne heure ! pensa Déjazet, — voilà au moins une grande dame qui a du cœur et de la complaisance !

Un mois ou deux après cette anecdote, Déjazet recevait une lettre du maire de Luc, dans laquelle ce magistrat lui disait — qu'ayant su qu'elle avait fait une quête au profit des pauvres de sa localité, il lui serait très-obligé de lui faire connaître la personne chargée du dépôt, afin qu'il envoyât chez elle toucher la somme, qu'il n'avait point encore reçue.

Cette duchesse, cette grande dame, qui avait tant de cœur et de complaisance, était tout simplement une de ces nombreuses intrigantes qui pullulent partout où il y a des jeunes gens à ruiner, ou des vieillards à exploiter. Elle avait quitté Luc, qu'elle habitait sous un faux nom, emportant non-seulement l'argent des riches, mais encore volant l'argent des pauvres. On ne put jamais savoir ce qu'elle était devenue. Voler les pauvres, c'est voler deux fois; il est certain que ce sacrilége ne lui aura point porté bonheur.

CHAPITRE XV

**Les bouquets poétiques.— Le traité du 30 mars 1851.—
Une fête au Chalet près le château des Aygalades.**

CHAPITRE XV

Les bouquets poétiques. — Le traité du 30 mars 1851. — Une fête au Chalet près le château des Aygalades.

M. Milon-Thibaudeau succéda à Nestor Roqueplan quand celui-ci obtint le privilége de l'Opéra. L'ex-acteur de l'Odéon, devenu directeur, ne sut pas retenir Déjazet. Elle quitta le théâtre des Variétés le 14 juin 1850, après avoir donné une dernière représentation de *Gentil-Bernard*, et partit de nouveau pour la province.

M. Paul-Ernest, nommé directeur du Vaudeville en 1850, courut après elle pour la décider à rentrer au théâtre de la place de la Bourse ; il la joignit à Rouen et l'engagea.

Elle reparut donc au Vaudeville, le 16 octobre 1850, par le rôle du *Vicomte de Létorières*, qu'elle n'avait pas joué à Paris depuis 1843 ; cette rentrée fut aussi brillante que celle des Variétés.

Chaque fois que Déjazet revient au public après une plus ou moins longue absence, elle excite un enthousiasme inouï. On va au théâtre avec quelque appréhension d'abord ; car on l'aime tant qu'on tremble de la voir changée. On attend son entrée avec une impatience craintive ; elle arrive, et reçoit une salve d'applaudissements qui part de tous les points de la salle : ce sont les bravos du souvenir. Elle marche en scène, alors on s'aperçoit bientôt que sa désinvolture n'a rien perdu de son assurance ni de sa grâce ; elle parle, son organe pénétrant arrive toujours avec autant de sûreté ; elle chante, sa voix est toujours pure et vibrante ;

sa manière de dire, sa façon de déblayer les alentours d'un mot pour le faire saillir; son habileté à monter une scène, tantôt en poussant sa phrase avec éclat, tantôt en la retenant avec son souffle; ce naturel, cette science, ce charme, cette jeunesse éternelle, cet art qui atteint aux dernières limites de la perfection, elle n'a rien perdu de tout cela ; au contraire, on dirait que de jour en jour son talent devient plus complet, plus parfait. Et le public rassuré, tranquille, heureux de retrouver sa chère idole, bat des mains à cœur joie, fête avec transport son retour, lui jette des fleurs, et dans ces bouquets, souvent de fort jolis vers.

— En voici la preuve :

Après deux mois d'absence enfin vous revenez
Parmi nous, dans ces lieux que vous abandonnez
Une fois tous les ans, sans réfléchir, madame,
Si vous ne laissez pas derrière vous une âme
Qui, par votre départ perdant tout son bonheur,
Vous attend en souffrant, gémit de son malheur;
Vous accuse, et cédant au mal qui la dévore,
Quoique absente, vous cherche et vous appelle encore.
Vous marchez dans la joie, et vous ne savez pas
Combien d'ardents désirs vous foulez sous vos pas !

Combien ces jours, qui sont pour vous des jours de fêtes
Et de succès brillants, sont lourds à d'autres têtes !
Et quel supplice affreux c'est de s'apercevoir
Que l'on a dans le cœur un amour sans espoir !...

Tout entière aux plaisirs qui bercent votre vie,
Un tel amour pour vous serait de la folie ;
N'est-ce pas ?... Vous avez trop d'esprit dans le cœur
Pour concevoir qu'on puisse aimer avec ardeur
Celle dont on n'attend nul retour en échange ;
Un amour qui se tait doit vous paraître étrange.
Ah ! vous avez raison !... c'est bien drôle, en effet,
Un désir qui vous tue et vous laisse muet ;
Au lieu de vous brûler, une flamme qui glace,
Et ne vous permet pas de regarder en face.
Tant on se sent troublé, craintif, déconcerté,
Celle dont on s'est fait une divinité !

Voilà bien de quoi rire, allez, je vous assure !
Riez donc ; de mon cœur pas le moindre murmure
N'ira de votre esprit interrompre l'essor,
Dépêchez-vous, pendant qu'il en est temps encor ;
Car peut-être bientôt votre bouche moqueuse,
Lorsque vous saurez tout, deviendra sérieuse :
Et malgré vous peut-être émus à cette voix,
Vos yeux retrouveront leurs larmes d'autrefois...

. . . .
. . . .

J'ai connu, je ne puis y songer sans tristesse,
Un fou bien singulier. Il avait pour maîtresse
Une étoile ; et l'été, vers le déclin du jour,
Il ne manquait jamais de lui faire sa cour.

CHAPITRE XV.

Vous auriez, j'en suis sûr, beaucoup ri de l'entendre :
Un fou seul peut avoir un langage aussi tendre.
C'étaient de petits vers, des sonnets amoureux
Comme en faisait monsieur Demoustier, doucereux
A faire pâmer d'aise une vieille marquise ;
Miel de Narbonne enfin et confiture exquise !

— « Viens ! oh viens, disait-il, mon unique beauté !
» Viens mêler ta lumière à mon obscurité ;
» Je t'attends, ce matin, j'ai pour toi, dans ma chambre,
» Brûlé de l'aloès et des pastilles d'ambre ;
» Tout est parfum, mystère, amour !... Tu viendras, dis ?
» Dans de beaux vases j'ai des fleurs du paradis
» Qu'hier Dieu m'envoya par une tourterelle.
» J'ai caché le parquet sous des peaux de gazelle,
» Pour que tes petits pieds ne se déchirent pas...
» Viens ! je te donnerai les plus beaux ananas,
» Et des biscuits soufflés que pour toi je réserve,
» Avec du vin muscat et des fruits de conserve.
» Viens, je te servirai, si tu veux, à genoux !... »

Mais l'étoile toujours manquait au rendez-vous ?
Et le fou, chaque jour plus épris de ses charmes,
En murmurant : Demain ! s'endormait dans les larmes.
Le lendemain, nouveaux compliments, propos d'or,
Et concerts amoureux.... Il attendait encore !
Et quoique les docteurs aient usé leur science,
Quoiqu'ils aient en commun mis leur expérience,
Pour le désabuser de ses folles amours,
Coririez-vous qu'il est mort en attendant toujours ?...

. . . .
. . . .

Avant de vous quitter, avant que de ma vie
La trame, jeune encore, à jamais se délie,
Vous à qui je donnai mes premières amours,
Qui fûtes mon idole et mon rêve toujours,
Sur qui j'ai reporté l'affection profonde
Et ce besoin d'aimer qu'ici-bas, dans le monde,
Dieu nous a mis au cœur afin de l'épancher!...
Déjazet!... Virginie!... Oh! laissez-vous toucher!
Le cœur est toujours jeune et n'a jamais de ride.
Ce n'est point de baisers que mon âme est avide,
Et fussent-ils brûlants comme du plomb fondu,
Les miens auraient à peine aux vôtres répondu;
Car rien ne saurait plus, me rendant à la vie,
De mes sens fatigués ranimer l'énergie....
Ce que je veux de vous, c'est un mot de pitié,
Un souvenir d'un jour, un regard d'amitié,
Que je recueillerai ce soir, et dont l'empreinte
Un moment calmera ma douleur et ma plainte!...

Voilà ce que j'avais à vous dire ; à présent
Que vous me connaissez, je m'en irai content;
Adieu ! puisse le ciel, qu'avec ferveur je prie,
De souffrir trop longtemps m'épargner l'agonie,
Et puissiez-vous bientôt, étoile, ô mes amours!
Dire : Il est pourtant mort en attendant toujours!

Charles V.

Dans un second bouquet se trouvaient ceux-ci :

Mes pauvres humbles fleurs !... combien je vous envie!
Que je serai jaloux en vous sachant là-bas !
Vos parfums tomberont dans un coin de sa vie.

CHAPITRE XV.

Du sylphe rayonnant de grâce et de génie
Vous aurez un sourire en mourant sous ses pas!

Être fleur, en hiver c'est une belle chose!
Ce n'est pas un blasphème, ô mon soleil d'été!
Aux beaux jours tout manant peut fouler une rose,
L'hiver, la fleur toujours sur un beau front se pose,
Pour couronner l'artiste ou l'ange ou la beauté.

Enfin, dans un troisième bouquet de lilas et de pâquerettes, fleurs préférées de l'artiste, on avait adroitement glissé ces charmants petits vers d'une facture toute différente :

Au pied de Déjazet.

Il est petit, il est joli,
    Comme la patte
        D'une chatte;
Au jour, quand il sort de son lit,
Il est doux, blanc, frais et poli,
    Comme une colombe blanche
        Sur une branche
        Au bord du nid.

Il est espiègle, il est mutin,
    C'est un lutin;
Il amuserait Dieu le Père
    Quand, le matin,
    Il prend son bain

Comme un poisson dans la rivière ;
Après qu'il a sauté, nagé,
L'eau dans laquelle il s'est plongé,
Sourit pendant une heure entière.

Ses petits doigts sont pleins d'esprit
    Sans contredit ;
    Au temps d'Athènes,
Périclès les eût adorés
    Et dorés
D'anneaux, de colliers et de chaînes.
A Stamboul encore aujourd'hui,
Dans ces lieux où le soleil luit,
Et dans le jardin des sultanes,
Ils embelliraient ces anneaux
Que portent les doigts sans rivaux
    Des courtisanes.

Quand ce bijou, quand cet amour,
Se glisse dans le bas à jour,
    C'est une joie
De voir folâtrer et courir,
A travers le réseau de soie,
Sa veine où coule le saphir ;
    Puis il babille,
    Marche, frétille,
Et fait craquer son brodequin
    De satin.

Mais du bal surtout le folâtre
    Est idolâtre.
Quand il entre dans un salon,
    Les Andalouses
    Sont jalouses,

CHAPITRE XV.

Et la fée Urgèle, dit-on,
Jette de dépit, le voyant paraître,
Par la fenêtre
La pantoufle de Cendrillon.

Sous sa robe,
Qui le dérobe,
Tous les regards le vont chercher;
Et sur ses traces,
Les Lovelaces
Veulent marcher.
L'homme que blase
Un sot ennui,
Tombe en extase
Si, près de lui
Ce pied qu'affole
L'esprit malin,
En passant frôle
Son escarpin.

Don Juan lui-même
L'eût supplié.
C'est un poëme,
Ce petit pié!
On le courtise,
On l'adonise,
Et devant lui sages et fous
Sont à genoux:
Le bal fini, quand il dépose
Son soulier rose,
Il est rempli de billets doux.

Le 5 novembre 1850, Déjazet créa *la*

Douairière de Brionne; puis ce pauvre théâtre du Vaudeville, qui, avant l'administration de M. Boyer, ne faisait depuis quelque temps qu'ouvrir et fermer ses portes, ce pauvre Vaudeville vint à sombrer, et Déjazet fut encore obligée de retourner en province.

Enfin M. Lecourt, après plusieurs mois de fermeture, après de nombreux procès, obtint de M. Baroche, alors ministre de l'intérieur, un nouveau privilége pour ce théâtre.

Un des premiers actes administratifs de M. Lecourt fut de s'assurer du concours de Déjazet, et le 30 mars 1851, ils signaient ensemble d'un commun accord ce traité :

« Entre les soussignés :

» Achille Théodore Lecourt, directeur privilégié du
» théâtre du Vaudeville, demeurant à Paris, rue Vi-
» vienne, n° 36;

» Et mademoiselle Virginie Déjazet, artiste drama-
» tique, demeurant également à Paris, passage Saul-
» nier, n° 7, d'autre part;

CHAPITRE XV. 315

» A été convenu et arrêté ce qui suit :

» M. Lecourt engage mademoiselle Déjazet au théâtre
» du Vaudeville pour quatre mois, qui commenceront à
» partir du jour de l'ouverture.

» Les conditions de cet engagement sont celles sui-
» vantes :

» 1° Mademoiselle Déjazet devra jouer cinq fois par
» semaine.

» 2° Mademoiselle Déjazet se fournira de costumes de
» ville de nos jours. Tous autres costumes, ainsi que tous
» les travestis, lui seront fournis par le théâtre.

» 3° Chaque fois qu'elle jouera, mademoiselle Déjazet
» recevra un jeton dont l'importance variera selon le
» chiffre de la recette.

» Pour une recette au-dessous de 900 francs, le jeton
» sera de 100 francs.

» Pour une recette de	900 à 1,200 f., le jeton sera de	125
—	1,200 à 1,500 —	150
—	1,500 à 1,600 —	170
—	1,600 à 1,700 —	190
—	1,700 à 1,800 —	210
—	1,800 à 1,900 —	230
—	1,900 à 2,000 —	250
—	2,000 à 2,100 —	270
—	2,100 à 2,200 —	290

» Et ainsi de suite, dans la même proportion, jusqu'à
» 375 fr., maximum fixé.

» Bien que le tableau ci-contre ne mentionne que des

» différences rondes de vingt francs par jeton, il est con-
» venu que cette somme se fractionnera. L'accroissement
» du jeton à partir de 1,500 fr. devra être de 20 p. 100
» sur toute somme intermédiaire, c'est-à-dire de 20 cen-
» times par franc.

» 4° Ces jetons seront payés par chaque soirée et après
» chaque représentation.

» 5° Pendant le cours ou après l'expiration du présent
» engagement, à son choix, mademoiselle Déjazet aura
» droit à une représentation à son bénéfice que M. Le-
» court lui assure à *deux mille francs*, sans préjudice du
» surplus, auquel elle participera par moitié au delà de
» quatre mille francs.

» 6° Mademoiselle Déjazet recevra à titre d'indemnité
» une somme de mille francs par quinze jours de répé-
» titions, quinze cents francs pour trois semaines, et deux
» mille francs pour un mois.

» 7° Mademoiselle Déjazet recevra un appointement
» fixe de mille francs par mois, qui sera payé à chaque fin
» de mois, et ne pourra être suspendu qu'après un mois
» entier constaté de maladie.

» 8° Pendant toute la durée de son engagement et à
» chaque fois qu'elle jouera, mademoiselle Déjazet aura
» droit à une loge des premières du premier rang, numé-
» rotée.

» 9° Il est expressément entendu que l'engagement que
» contracte mademoiselle Déjazet de jouer cinq fois par
» semaine fait contracter à M. Lecourt l'obligation de lui
» fournir l'occasion de jouer ce nombre de fois. Si donc,

CHAPITRE XV.

» autrement que par son fait, mademoiselle Déjazet
» jouait un nombre de fois moindre, M. Lecourt lui de-
» vrait néanmoins un jeton pour chacune des représen-
» tations manquant au nombre de cinq, et le chiffre
» de ces jetons sera calculé sur la base des plus fortes
» recettes du mois.

» 10° Mademoiselle Déjazet, pendant la durée du pré-
» sent engagement, ne pourra jouer à Paris qu'à quatre
» bénéfices à son choix, à la condition expresse que ces
» bénéfices auront lieu un des jours de congé par elle
» réservés.

» Fait double à Paris, le trente mars 1851.

» Approuvé l'écriture :

» A. LECOURT.

» V. DÉJAZET. »

En vertu de cet engagement, elle rentra donc pour la troisième fois au Vaudeville.

Le 1er octobre 1851, jour de la réouverture, elle créa *Ouistiti;* le 14 novembre, *Quand on va cueillir la Noisette;* enfin, le 8 janvier 1852, *les Rêves de Mathéus*, de MM. Mélesville et Carmouche. Ces trois pièces, très-faibles, ne méritaient pas d'être interprétées par Déjazet. Néanmoins, son engagement fut renouvelé pour deux ans aux mêmes conditions, et Léon Gozlan, le spirituel auteur de *la Tempête dans un verre d'eau,* du *Coucher d'une Étoile,* de *la Main droite et la Main gauche,* écrivit pour **Déjazet** les *Paniers de la Comtesse.* Ce petit acte, joué pour la première fois le 27 novembre 1852, fut la dernière création de l'actrice sur le théâtre de la place de la Bourse.

A partir de cette époque, Bouffé, qui était l'associé de M. Lecourt, se mit à taquiner Déjazet à tous propos, en lui distribuant des rôles indignes de son talent. Un jour il la convoqua par bulletin pour entendre une revue de Clairville dans laquelle il voulut la forcer à jouer la Chanson. Or la Chanson se bornait à chanter un air de facture et le couplet final. Déjazet refusa.

Bouffé lui écrivit une lettre blessante, dans laquelle il menaçait sa pensionnaire d'un procès, si elle persistait dans son refus, et lui disait que la réputation des artistes était chose bien éphémère et facile à détruire... *qu'elle y prit garde!...*

L'actrice persista, et demanda la résiliation de son engagement. Elle obtint son désistement, et le traité du 30 mars 1851 fut rompu. Le succès de *la Dame aux Camélias* avait tourné la tête à Bouffé, il croyait ce succès éternel, et comme il n'avait pas besoin de Déjazet dans la pièce, il lui avait cherché noise pour faire des économies et ne point la payer. Ceci peut s'appeler de l'adresse, mais de la délicatesse? c'est autre chose !

Au reste, ce principe administratif qui consiste à aiguillonner la patience des comédiens pour les forcer à abandonner leurs appointements s'ils veulent reconquérir leur liberté, est un principe fort à la mode aujourd'hui. Mais le but économique de ces querelles injustes est généralement connu maintenant, et les artistes ne se laissent plus prendre aussi facilement aux piéges grossiers qu'on tend trop souvent encore à leur aveugle vanité.

Déjazet fit donc une nouvelle tournée en province, et ne rentra à Paris que pour quelques mois, pour créer au théâtre des Variétés, le mardi 22 novembre 1853, le rôle de Fanfan dans *les Trois Gamins*, comédie en trois actes de son ami Vanderburch ; puis elle repartit avec l'auteur pour Dijon, Nice, Marseille, Lyon, et partout elle fut fêtée avec enthousiasme, et partout de nouvelles avalanches de fleurs et de vers vinrent choir à ses pieds.

A Marseille on lui donna une fête splendide au Chalet, près le château des Aygalades. M. A. Cauvin, grand admirateur du talent de Déjazet, fit un compte rendu de cette soirée ; que Déjazet garde précieusement, comme un souvenir du 7 avril 1854.

Voici un extrait de ce compte rendu :

« ..... Ce n'était pas assez pour quelques amis chaleu-
» reux, pour quelques admirateurs passionnés de made-
» moiselle Déjazet, de deux représentations au grand
» théâtre de Marseille, ils ont voulu la voir de près,
» la posséder tout un jour, et à la sollicitation du spi-
» rituel Arnaud, ami ancien et dévoué, l'aimable ar-
» tiste accepta une invitation au Chalet, fête délicieuse
» qui laissera dans nos cœurs un souvenir ineffaçable.

» Grâce à l'obligeance de M. le comte de Castellane, les
» portes de son château nous avaient été ouvertes, et
» réunis dans la belle allée qui sert d'avenue au château,
» nous attendions notre adorable invitée, tout en causant
» d'elle. Enfin la voiture arrive, nous sommes-là, ten-
» dant nos mains pour recevoir l'irrésistible marquis de
» Lauzun, le brillant duc de Richelieu, la séduisante
» Colombine, le désopilant Gamin, personnages divers
» réunis tous dans une admirable créature, Déjazet !...
» Après elle, descend madame H***, artiste de talent
» retirée trop tôt du théâtre, où elle remplissait l'emploi
» des Déjazet. Vient ensuite M. Poirier, acteur toujours
» plus applaudi et estimé au Gymnase. Nous recevons
» dans nos bras notre vieil ami Arnaud, ancien avocat,
» si jeune d'esprit et de cœur, toujours enthousiaste des
» arts et des grands artistes.

» — Eh bien ! s'écrie-t-il, descends-tu, vieux ?

» — Non ! dis à ces messieurs, que ma goutte me
» fatigue ; j'irai jusqu'au Chalet en voiture, et je vous
» attendrai là.

» — Au diable la goutte !.... Tu l'as bien méritée,
» pourquoi es-tu le père de tant de gamins ?...

» Car, messieurs, voilà Vanderburch, l'auteur du
» *Gamin de Paris*, des *Trois Gamins*, du *Gamin de Paris*
» *à Alger*. Enfin, ainsi que je l'appelle, le père de tous
» les gamins.

» Après avoir présenté nos compliments à l'écrivain
» remarquable, nous le quittâmes en lui disant. A bientôt.

» Nous étions vraiment heureux d'avoir au milieu de
» nous mademoiselle Déjazet et M. Vanderburch unis par
» une longue et noble amitié, liés par une glorieuse so-
» lidarité. En effet, quelle pièce ne réussirait pas dans
» laquelle un rôle serait joué par mademoiselle Déjazet
» avec tant de verve, de grâce, d'entrain, de charmes,
» d'inspiration?... et quel artiste n'aurait pas du succès
» dans les vaudevilles si spirituels, dans les rôles si bril-
» lants écrits par M. Vanderburch?

» Bientôt nous quittions le long rideau d'arbres magni-
» fiques de l'allée, et arrivés sur la terrasse du château,
» accoudés sur ce haut perron, où les roses montent pour
» se mettre elles-mêmes dans vos mains, nous admirions
» le ravissant tableau qui se déroulait devant nous. Que
» de fleurs, de fraîches eaux, de suaves parfums, de
» doux murmures!... Que d'azur, de lumière! quelle
» vallée délicieuse! comme tout se fond avec art!...
» Admirez ces collines mollement arrondies, couvertes
» de pins odorants, qui semblent descendre vers la mer,
» ce lac étincelant de pierreries et de diamants! O grand
» artiste! sous lequel ont étudié Claude Lorrain, Corot
» et quelques autres sublimes élèves, qui n'ont jamais eu
» la prétention de faire mieux que la nature! Nous étions
» tous changés en points d'admiration; enfin, la méta-
» morphose cessant, nous pûmes descendre les escaliers
» du perron, parcourir et admirer le parterre du châ-
» teau; et, traversant le parc, nous nous rendîmes au
» Chalet.

» M. Vanderburch nous attendait avec patience, car il

» ne pouvait se lasser d'admirer le coup d'œil dont on
» jouit de ce site, qui rappelle les magnifiques points de
» vue de la Suisse !

» — Messieurs, nous dit-il, tout ceci est bien beau,
» mais pour que mon estomac ait aussi quelque chose à
» savourer, j'ai demandé un consommé; on m'a servi
» une orange.

» — Où est le calembour, demanda l'un de nous?

» — Nous y voici. Le garçon m'a dit : Monsieur, nous
» n'avons pas de bouillon; mais quand vous aurez mangé
» ce fruit, il se trouvera consommé!...

» Le feu venait d'être mis au baril de poudre. Dès ce
» moment, pointes d'esprit, facéties piquantes et iné-
» dites, jeux de mots, calembours, ne furent arrêtés
» que par la présence de l'illustre Faubert, qui vint pro-
» noncer les mots sacramentels : — Messieurs, vous êtes
» servis.

» La table était dressée sur le balcon, et en s'asseyant
» à la place qui lui était destinée, Déjazet put lire ces
» vers entourés d'une couronne de lauriers :

« Pour peindre Déjazet, que ne suis-je Méry !
» Son talent, du bonheur fait goûter tous les charmes.
» Enfin de Richelieu dans les Premières Armes,
» Elle nous rappelle Fleuri ! »

» Devinant qu'Arnaud était l'auteur de ce quatrain,

» elle le remercia par un de ces regards qui partent du
» cœur.

» — Merci, messieurs, nous dit-elle, je n'oublierai ja-
» mais la fête charmante que vous me donnez, ainsi qu'à
» Vanderburch!...

» — Et moi donc! s'écria Vanderburch, je veux vous
» prouver que tantôt, en admirant ce beau panorama,
» je pensais à vous; j'ai fait un impromptu, que je vais
» vous lire : tenez, c'est daté du 7 avril, au Chalet, près
» le château des Aygalades :

« Merci, francs Marseillais, merci de votre hommage,
   » Et de votre accueil sans pareil !
   » Grands comme votre immense plage,
   » Chauds comme votre beau soleil :
   » De cette artiste inimitable
» Vous fêtez les succès et le charme vainqueur.
   » Vous connaissez son talent admirable !
      » Ah ! si vous connaissiez son cœur !!! »

» Des applaudissements tout méridionaux éclatèrent
» après cette brillante improvisation; c'était une véritable
» fête de famille.

» Je me garderai bien de faire le menu du repas, c'est
» bon pour les dîners de princes. Faubert est assez connu
» pour qu'il soit inutile de le recommander aux gour-
» mands et aux gourmets.

» Tout à coup Déjazet s'écria :

CHAPITRE XV.

» — Les beaux lilas ! vous saviez donc que c'était ma
» fleur favorite ?

» — Vous nous l'avez dit vous-même au château, ma-
» dame, et l'un de nous est venu à l'instant prier Fau-
» bert d'en remplir ses vases les plus grands. Permettez-
» nous, en vous offrant une branche de ce lilas, de lire les
» vers que vous nous avez inspirés :

« De Déjazet et du printemps
» Le lilas est la fleur chérie.
» Quand il parfume la prairie
» Avec ses panaches flottants,
» On dit sur les monts, dans la plaine :
» Nous respirons la douce haleine
» De Déjazet et du printemps !

» Hélas ! lorsque, après le printemps,
» Viennent l'été, l'hiver, l'automne,
» Il reprend les fleurs qu'il nous donne,
» Il craint pour elles les autans !
» Nous le voyons partir sans larmes ;
» Car vous conservez tous vos charmes,
» O Déjazet, sœur du printemps !

» Mais à son retour le printemps
» Vous ramène la fleur aimée ;
» Ah ! puisse-t-elle, parfumée,
» Vous enivrer encor longtemps !
» Près de vous, sans être fanée,
» Qu'elle reste toute l'année !
» N'êtes-vous pas sœur du printemps ?»

» Le dessert était servi. Au milieu de la table, une place
» était vide ; bientôt on y déposa sur un plateau d'argent,
» une immense couronne de fleurs, à laquelle était atta-
» ché un nœud de rubans aux mille couleurs, fixé par
» un médaillon en argent sur lequel étaient gravés ces
» mots : Le Chalet, 7 avril 1854. Souvenir.

» Nous étions tous silencieux, émus, immobiles. Celui
» d'entre nous qui était placé vis-à-vis de l'héroïne de la
» fête se leva, prit la couronne, et cherchant à dominer
» l'émotion profonde qu'il éprouvait, s'exprima ainsi:

« Par notre amour pour vous, nous sommes tous liés;
» Heureux de déposer, en ce beau jour de fête,
   » Nos fleurs sur votre tête
   » Et nos cœurs à vos pieds ! »

» L'actrice inspirée, pleine de gaîté, d'à-propos, d'en-
» train, avait disparu ; nous n'avions là, devant nous,
» qu'une femme dont le cœur débordait, et qui nous re-
» merciait par des gestes mille fois plus expressifs que les
» paroles les plus éloquentes.

» Arnaud, le bon, l'excellent Arnaud pleurait de joie et
» de bonheur. Heureusement que M. Vanderburch
» s'écria :

» — Mais c'est bête d'être ému comme ça ! mais c'est
» affreusement bête de pleurer comme ça !... Voilà que
» ça me gagne... Je ne suis pas venu ici pour pleurer,
» moi !... allons ! à boire !

» Arnaud, remis de son émotion, porta un toast à Dé-
» jazet ; il parla avec tout son esprit et tout son cœur, et
» dès que nous eûmes vidé nos verres à cette santé si
» chère, il chanta les couplets suivants avec sa verve
» méridionale :

« Chez Déjazet
» Les qualités sont infinies.
» Chez Déjazet,
» Leur charme puissant est complet !
» Jamais rien ne les a ternies,
» Elles sont toutes réunies,
» Chez Déjazet !

» Pour Déjazet,
» Moi je braverais l'infortune,
» Pour Déjazet,
» Moi j'irais traîner le boulet;
» Et je pourrais, sans peine aucune,
» Avec mes dents prendre la lune
» Pour Déjazet.

» C'est Déjazet,
» Du talent ravissant modèle,
» C'est Déjazet,
» Ce mignon, ce suave objet ;
» Comme sa grâce est naturelle !
» Quelle est la jeunesse éternelle ?
» C'est Déjazet. »

» En ce moment, M. le comte de Castellanne, venait
» présenter ses hommages à mademoiselle Déjazet; il
» nous félicita de l'idée heureuse que nous avions eue de
» donner une fête à la délicieuse artiste; il nous invita
» ensuite, avec cette courtoisie chevaleresque, cette noble
» amabilité qui le distinguent, à venir prendre le punch
» au château. M. le comte, voyant son offre acceptée avec
» empressement, se retira en nous disant qu'il allait nous
» attendre.

» Je suis heureux de le constater ici, chacun des con-
» viés redoubla de verve et de gaieté. Chansons, anecdotes,
» couplets de circonstance, chansonnettes, se succé-
» daient au milieu des applaudissements; les saillies, les
» traits d'esprits se croisaient avec rapidité.

» Enfin, ne pouvant résister à l'élan général, made-
» moiselle Déjazet, quoique bien fatiguée, chanta, comme
» elle seule peut chanter, les couplets des *Trois Gamins*,
» L'ÉLOGE DU VIN A QUAT' SOUS! C'était délirant; nous ju-
» rions tous de renoncer au bordeaux, au bourgogne, au
» champagne, pour ne boire jamais que du vin à quatre
» sous. »

Monsieur A. Cauvin termine le compte rendu de cette charmante petite fête en racontant la flatteuse réception que M. le comte et Mme la comtesse de Castellanne firent dans leur château à Déjazet. On sait depuis longtemps que M. le

CHAPITRE XV.

comte de Castellanne et M{mc} la comtesse aiment et recherchent les artistes. Le récit de M. Cauvin prouve suffisamment que les Marseillais savent aussi honorer l'objet de leur admiration.

Le lendemain de cette agréable soirée, Déjazet partit pour Lyon, où elle était impatiemment attendue.

CHAPITRE XVI

**Une visite au puisatier d'Écully.—Cent jours à la Gaieté.
Lettre de Déjazet à Louise Leroux.
Poésie du cœur.**

CHAPITRE XVI

Une visite au puisatier d'Écully. — Cent jours à la Gaieté.
Lettre de Déjazet à Louise Leroux.
Poésie du cœur.

A peine Déjazet avait-elle commencé ses représentations de Lyon, au théâtre des Célestins, quand l'événement du pauvre Claude Giraud arriva.

Tout le monde connaît l'histoire du malheureux puisatier d'Écully.

Tout le monde a suivi avec le plus vif intérêt toutes les phases de cette triste et émouvante catastrophe.

Déjazet, avec son imagination impressionnable, souffrit plus que tout autre des souffrances de Claude Giraud, plus que tout autre elle était impatiente d'apprendre le dénoûment de cet horrible drame.

Aussi, lorsque, le 3 mai 1854, elle sut que les deux voies de salut que l'on creusait simultanément n'étaient plus l'une et l'autre qu'à deux ou trois mètres du prisonnier et que le *rameau* (l'espèce de couloir qui, remontant jusqu'à lui, permettrait de l'atteindre) était presque terminé, lorsqu'elle apprit que l'heure de la délivrance allait enfin sonner, elle ne put résister au désir d'aller à Écully, sur le théâtre même de l'événement.

Son fils Eugène, qui était venu la rejoindre à Lyon, voulut la retenir en lui disant que les consignes étaient très-sévères et qu'on ne pourrait arriver jusque-là.

CHAPITRE XVI.

Déjazet ne l'écouta point, prit une voiture, se fit conduire à la propriété de M. Moyne, et Eugène l'accompagna, sans aucun espoir de parvenir à satisfaire cette curiosité bien naturelle.

Le 3 mai 1854, toute la population de Lyon était échelonnée dans les rues et sur la route d'Écully, attendant avec anxiété l'apparition du drapeau tricolore comme signal de la délivrance du puisatier, l'apparition d'un drapeau noir comme signal de sa mort.

Il était environ sept heures lorsque Déjazet et son fils arrivèrent à la porte de la propriété de M. Moyne. Déjà la nuit venait. Ils entrèrent dans une grande cour, un gendarme leur demanda ce qu'ils voulaient.

— Des nouvelles de Giraud.

— On lui a parlé, il a répondu, et d'ici trois quarts d'heure il est probable qu'il sera sauvé.

— Ne pourrions-nous assister à sa délivrance ?

— Impossible, madame ; défense expresse de laisser passer qui que ce soit.

— Que t'avais-je dit ? — exclama le fils de Déjazet. — Mais tu ne veux jamais me croire.

Elle allait se retirer, lorsque trois commissaires de police et un médecin arrivèrent précipitamment.

— Eugène, demande donc à ces messieurs la permission de les suivre.

Eugène pria de nouveau, nouveau refus. Il insista en disant que sa mère, madame Déjazet, serait très-reconnaissante si...

A ce nom, l'un des commissaires s'écria : — Déjazet, madame Déjazet ! Oh ! c'est bien différent, laissez passer — Et elle put alors, avec son fils, gravir la colline verdoyante et boisée qui conduisait au puits fatal.

Au sommet de cette colline, le sol était çà et là ouvert profondément par le pic et la sape des ou-

CHAPITRE XVI.

vriers du génie, et percé de cavités souterraines. De chacune de ces ouvertures, on voyait apparaître les têtes pâles des travailleurs qui sortaient par intervalles des entrailles de la terre.

C'était là, à deux pas de la verdure et des fleurs, que gisait, à trente pieds sous le sol, le malheureux ouvrier, et que se poursuivait depuis vingt et un jours sa lente et cruelle agonie. Vingt personnes, tout au plus, entouraient cette fosse béante. Déjazet et son fils étaient du nombre. Il faisait nuit close. Des torches étaient allumées. On parlait à voix basse, comme dans une église; le bruit des pioches rompait seul le sinistre et solennel silence des assistants.

Le commissaire qui avait autorisé Déjazet à monter alla dire au capitaine Robinet qu'elle était là. On sait que ce fut ce brave officier qui vint au pas de course, avec quinze sapeurs, commencer les travaux et qui les dirigea jusqu'à la fin avec un dévouement infatigable.

Le capitaine Robinet s'empressa d'accourir

saluer très-gracieusement la célèbre actrice.

— Réussirez-vous à le sauver, capitaine? furent les premières paroles que lui adressa Déjazet.

— Je l'espère toujours, madame ; nous sommes tout près de lui ; mais plus nous approchons, plus je tremble, car tout peut s'ébouler au premier choc.

Le moment suprême étant arrivé, le capitaine Robinet quitta Déjazet pour donner des ordres.

Le signal retentit, toutes les poitrines palpitent d'émotion. Brandaou, un des sapeurs qui travaillaient le plus ardemment, descendit le premier dans le gouffre infect pour prendre dans ses bras le malheureux puisatier ; mais il tombe asphyxié. On l'emporta pour le secourir.

Déjazet tremblait de tous ses membres.

Le capitaine Robinet fait cesser instantanément tous les travaux, ordonne qu'on apporte du vin pour tous les soldats du génie, et tous, soldats et sapeurs, portent un toast à Giraud en levant les bras au ciel !...

Le ciel était étincelant d'étoiles.

On entend la voix de Giraud !...

Le capitaine Robinet assigne à chacun son poste et son rôle. Il choisit quatre hommes pour porter le puisatier sur un brancard, deux autres pour l'envelopper et le couvrir.

Claude Giraud est enfin hissé hors du puits où il était enseveli depuis vingt et un jours !... A peine est-il sur terre, que les travaux de sauvetage s'écroulent derrière lui... Il voit le ciel, mais une seconde seulement, car on lui bande aussitôt les yeux, on le place sur un lit, on l'emporte dans un pavillon.

Dans ce pavillon il n'y avait ni linge, ni eau, ni sel, il n'y avait absolument rien de ce qui était indispensable, et les six médecins qui étaient auprès du pauvre patient réclamaient à grands cris du linge pour panser ses blessures.

Ce fut alors que Déjazet, avec cette présence d'esprit qui ne l'abandonne jamais, passa la main sous la basque de son corsage, rompit vivement les rubans qui retenaient sa jupe de percale brodée, la fit tomber à ses pieds, la prit et l'offrit spontanément au médecin.

Le docteur, sans respect pour les valenciennes et les broderies de ce jupon, le déchira sur-le-champ pour en faire des compresses et des bandelettes.

Maintenant, madame, ils nous faudrait de l'eau chaude, trouvez-nous ça vite, dit à Déjazet le médecin en continuant à morceler son jupon.

—De l'eau chaude, de l'eau chaude!... mais, à qui m'adresser pour en avoir?

— Courez chez monsieur Moyne, au bas de la colline; il y a sans doute quelqu'un qui vous servira.

CHAPITRE XVI.

Déjazet descend rapidement la colline, trouve la maison ouverte, entre dans la cuisine, ne voit personne ; elle appelle... Une vieille bonne paraît.

— Montez vite de l'eau chaude au pavillon...

— Oh ! oh ! mais, oui-dà, je ne peux pas tout faire, ma belle dame. Il faut que je porte du tilleul au sauveur asphyxié.

— Qu'est-ce que c'est que le sauveur asphyxié ?

— Eh bien, c'est celui qui le premier a descendu dans le trou quérir le puisatier.

— Brandaou ?

— Oui, je crois.

—'Eh bien, je vais lui porter ce tilleul ; mais hâtez-vous de courir au pavillon. — Et tandis que la vieille bonne se rendait à l'endroit où était Giraud, Déjazet montait au premier étage la tasse de tilleul destinée au sauveur asphyxié.

Elle vit, en effet, un pauvre diable sans connaissance, étendu sur un lit, et pâle comme un spectre. Un homme était auprès de lui.

— Comment, s'écrie Déjazet, on laisse ce pauvre sapeur dans cet état, sans appeler un médecin.

— Je suis médecin, madame, dit l'homme qui était assis au chevet du malade.

—Eh bien, alors? pourquoi ne le faites-vous pas revenir à lui?

— Patience, madame, il va reprendre ses sens, dans quelques instants, répondit le médecin.

En effet, quelques minutes s'écoulèrent à peine, qu'il ouvrait les yeux, et demandait si Giraud était vivant.

Déjazet lui fit boire une tasse de tilleul, en lui disant que son ami était sauvé. A cette bonne nouvelle, le brave sapeur se sentit soulagé et voulut aller soigner le puisatier, mais le médecin le

CHAPITRE XVI.

retint, en lui disant qu'il avait lui-même encore besoin de secours.

Déjazet, heureuse de savoir Claude Giraud hors de danger, car tout le monde alors le croyait sauvé, Déjazet, qui ne pouvait plus rendre aucun service, regagna sa voiture et courut raconter au foyer des Célestins tout ce qu'elle avait vu.

Le soir même, pendant la représentation, un régisseur annonça au public que Giraud était enfin délivré. Jamais annonce ne fut accueillie par d'aussi bruyants et enthousiastes applaudissements.

Eugène Déjazet partagea l'émotion et la joie de sa mère. Cette scène, dont il fut témoin, l'avait tellement impressionné, qu'il ne dormit pas de la nuit et se mit à jeter sur le papier le scénario d'une pièce en trois actes, ayant pour héros et pour titre : *Giraud le puisatier*.

Huit jours après, il avait écrit complétement la pièce, fait la musique nouvelle, et distribué les rôles. Sa mère devait jouer le capitaine Robinet, et Vernier, le premier comique des Célestins, un artiste que les Parisiens applaudiront un jour, eût créé le rôle du puisatier. On comptait sur un grand succès d'argent, car la pièce était très-touchante, et la musique avait cette fraîcheur, cette suavité, cette originalité mélodieuse, qui sont les qualités remarquables des charmantes compositions d'Eugène Déjazet. On parlait surtout d'une ronde et d'un chœur qui produisaient un effet immense. Les répétitions se poursuivaient avec ardeur et plaisir de la part des artistes, ce qui est toujours un bon augure, mais la mort du pauvre Giraud vint empêcher la représentation de l'ouvrage.

Déjazet raconte elle-même, dans deux lettres écrites à l'une de ses amies, l'événement qui fit défendre la pièce de son fils.

Lyon, 28 mai 1854.

« Hier, ma chère amie, au milieu d'une répétition gé-
» nérale à grand effet, défense nous est arrivée de jouer

» la pièce d'Eugène qui devait passer aujourd'hui. Giraud
» se mourait, et le soir à sept heures, il avait cessé de
» vivre! On lui avait coupé la jambe jeudi, il est mort
» avant qu'on eût levé l'appareil. Celui-là est bien mort
» avec la couronne du martyr! Je ne puis t'exprimer
» la triste émotion que j'ai ressentie en apprenant sa
» fin. Le hasard qui me fit assister à sa délivrance et
» le premier secours qui lui est venu de moi, tout cela
» avait changé en presque affection l'intérêt qu'il m'avait
» d'abord inspiré, et, dans la seule visite que je lui ai
» rendu à l'hôpital, j'ai emporté le souvenir de sa
» pauvre et souffrante figure qui ne me quittera
» jamais!... Dans huit jours tout le monde l'aura
» oublié! Moi dans dix ans, si j'existe, j'y penserai
» encore. Il a vécu juste après sa délivrance le même
» temps qu'il a passé englouti. Il est mort le vingt et
» unième jour! Demain son service se fait à l'église de
» l'hôpital! Demain 29 mai, j'irai prier le matin pour ma
» pauvre Elise, et le soir à quatre heures pour lui! J'ai
» été une des premières à le saluer, j'irai lui dire adieu.

» Voilà une triste journée qui m'attend. Décidément
» les morts sont les heureux!

» Tu comprends les regrets de mon pauvre fils, sur-
» tout après le succès de sa dernière répétition. Moi j'étais
» toute joyeuse de sa joie, de mon joli costume de capi-
» taine du génie et des magnifiques recettes qui se prépa-
» raient. Eh bien! aujourd'hui, ce n'est rien de tout cela
» qui m'afflige, je ne regrette que le pauvre puisatier!...
» Tant de courage de souffrances, et d'espoir, puis la

» mort! c'est affreux. Dieu est quelquefois bien sévère !

» Je te quitte, ma chère amie, c'est aujourd'hui di-
» manche, la poste ferme plus tôt. Je ne veux pas la
» manquer. Adieu.

DÉJAZET.

Lyon, 30 mai 1854.

» Je ne t'ai pas écrit hier, ma chère amie. J'avais le
» cœur trop à la mort pour chagriner ta vie. Hier, dès le
» matin, j'étais à l'église, priant pour celle que tu n'as
» pas assez connue pour l'aimer et qui t'aimerait tant
» aujourd'hui !...

» A trois heures, on faisait le service du pauvre Giraud!
» et tu sais si je devais y manquer. Je ne crois pas qu'un
» prince pût avoir plus de monde qu'il en avait à sa
» suite et sur toute la route qu'il devait parcourir. Les
» abords de l'église de l'hôpital sont très-étroits, aussi
» ai-je été portée sur les marches, littéralement parlant.

» J'étais allée seule à ce convoi, bien m'en a pris. Il
» fallait une volonté comme la mienne pour y arriver.
» Ce que j'ai reçu de coups de pied et de bousculades, je
» ne pourrais te le dire. Bien des gens ont renoncé, mais
» ceux-là étaient des curieux ! Moi, j'allais prier, et je
» suis arrivée !... Le convoi était fort modeste. Le corps
» du génie était derrière. Un simple drap blanc était sur
» la bière qu'on a déposée à l'entrée de l'église. Là, tout
» le monde lui a jeté de l'eau bénite, ce que je n'ai osé

» faire dans la crainte d'être reconnue. Bien cachée dans
» un coin noir, j'ai appelé sur ce pauvre martyr toutes
» les bénédictions du ciel. Sa pauvre mère était à genoux
» près de sa tête; son costume n'annonçait pas l'aisance,
» elle pleurait dans un gros mouchoir bleu; ses larmes
» sont tombées une à une sur mon triste cœur!... Pauvre
» femme! elle l'a suivi, dit-on, jusqu'au cimetière, moi
» je suis rentrée avec l'âme brisée, je jouais le soir!....»

Il est un fait que Déjazet ne dit point dans cette lettre, c'est qu'elle fit venir la mère de Giraud et l'aida de sa bourse.

Déjazet clôtura ses représentations à Lyon par une bonne œuvre, elle joua le 31 mai, au bénéfice de l'association des artistes dramatibues, et revint reprendre quelques mois de vacances sous les délicieux ombrages de sa maison de plaisance de Seine-Port.

C'est là qu'entourée de son fils Eugène, d'Hermine sa fille, et de Jeanne sa petite-fille, elle se livre aux joies de la famille; c'est là qu'elle reçoit les visites de ses véritables amis, c'est là que le bon docteur Carrier, un des plus habiles praticiens de nos jours ; Cuchetet, son ami depuis trente ans, et ce titre est l'éloge même du caractère, du cœur et des précieuses qualités de Cuchetet ; Vanderburch, un homme d'esprit, un historien, un savant, quoique vaudevilliste ; Danthoine, peintre distingué, homme du monde ; Adam, le célèbre compositeur, l'une des gloires de l'Institut; Battaille, le jeune professeur du Conservatoire, le chanteur aimé, le comédien remarquable de l'Opéra-Comique ; Albert, l'acteur sympathique et passionné que les habitués de l'Ambigu et de la Gaîté regrettent encore ; c'est là, c'est à Seine-Port, que ces natures d'élite viennent tour à tour s'enivrer du charme de la conversation intime de l'aimable châtelaine.

C'est à Seine-Port que Déjazet se retirera quelque jour, loin du bruit de la grande ville, si, travailleuse infatigable, elle consent à se reposer jamais.

Mais fort heureusement pour le public, ce jour est encore distant ; le 21 juin 1855, à la première représentation du *Sergent Frédéric*, donnée sur le théâtre de la Gaîté, Déjazet a prouvé une fois encore, qu'il n'y avait qu'elle qui sût porter l'uniforme et l'habit de cour, qui sût chanter une romance avec une méthode et un goût aussi parfaits.

Cette pièce du *Sergent Frédéric*, écrite par deux hommes de talent, Vanderburch et Dumanoir, était agréable sans doute, mais la musique nouvelle d'Eugène Déjazet contribua pour beaucoup au succès de l'ouvrage ; il avait composé pour sa mère des airs ravissants.

L'apparition que Déjazet fit cette fois à Paris, sur le théâtre de la Gaîté fut de cent jours. Elle commença ses représentations le 21 juin 1855, par le *Sergent Frédéric*, et les termina le dimanche 30 septembre, par *Bonaparte à Brienne*, la *Lisette de Béranger* et le premier acte du *Sergent*. On fit mille écus de recette le jour de la clôture ; on avait fait trois mille francs le jour du début.

Le mardi 16 octobre de la même année, Déjazet joua son beau rôle de Richelieu au palais de Saint-Cloud, devant S. M. Napoléon III, devant l'impératrice et L. A. R. le duc et la duchesse de Brabant.

Aujourd'hui, 15 décembre 1855, elle est à Amiens; qui sait? dans un mois elle sera peut-être à Saint-Pétersbourg!... Mais non, elle est trop bonne patriote pour cela, et, d'ailleurs, messieurs les directeurs de Paris ne sont pas hommes à la laisser aller si loin; ils ont trop de goût, de tact et de bon sens pour se priver longtemps d'un talent aussi précieux.

J'ai suivi pas à pas la grande comédienne. D'autres, en parlant de ses futurs travaux, constateront ses futurs triomphes. Déjazet est loin d'avoir dit son dernier mot. Je laisse à de plus capables et de plus habiles le soin de faire le portrait moral de cette aimable femme, de cette femme de bien.

Je n'ai point à parler ici de ses faiblesses; sa vie privée sera sacrée pour moi. Trop tôt, hélas! un écrivain amateur de scandale essayera sans doute de découvrir et de révéler les secrets de son cœur; déjà, il y a quelques années, il s'en présenta un qui lui demanda l'autorisation de rédiger ses mémoires, comptant sur un immense succès de vogue, affirmait-il.

Voici ce qu'elle lui répondit :

« Il y aurait folie à vouloir publier une histoire qui,
» d'après ce qu'on dit et ce qu'on croit, ne pourrait
» espérer la vogue que dans les récits plus ou moins
» scandaleux que le public compterait y trouver. Ma vie
» est beaucoup plus simple qu'on ne le suppose; l'écrire
» avec franchise n'offrirait donc rien de bien curieux, car
» je n'ai ni assez de vices pour piquer la curiosité, ni
» assez de vertus pour prétendre à l'admiration... »

Mais malgré cet aveu, malgré ce refus, il se trouvera un jour, nous en sommes convaincus, quelque écrivain qui, pour assurer le succès de son livre, imaginera, inventera, créera des anecdotes fabuleuses, des scènes d'orgies à nulle autre pareilles; il fera de Déjazet une courtisane effrontée, qui sait? une cynique bacchante, une femme sans foi, sans mœurs, sans religion... Ah! que ne puis-je l'arrêter au moment où il noircira sa plume pour écrire des calomnies, en mettant sous ses yeux cette lettre qu'elle écrivait à une actrice mourante, à Louise Leroux :

« Puisque mes lettres vous font plaisir, ma bonne
» Louise,—lui disait-elle,—je ne veux pas quitter Paris
» sans vous renouveler l'assurance de ma profonde affec-
» tion. Je serai de retour d'ici à deux semaines, au plus
» tard. Puisse votre position s'être améliorée, car je vous
» jure que vos souffrances sont bien pénibles à mon
» cœur. Vous vous plaigniez hier de l'abandon de vos
» amis !... En comptez-vous donc beaucoup, chère
» Louise, et ne confondez-vous pas le mot connaissance
» avec ce titre sacré?... Tout le monde vous aime, c'est
» vrai ! mais tout le monde n'a ni le cœur ni le temps
» de se dévouer à votre triste sort ! Moi qui crois con-
» naître ceux que vous pouvez appeler vos amis, il en
» est cependant qui, malgré leur tendresse et leur désir,
» ne peuvent que rarement aller vers vous. Ainsi, ma
» chère Louise, vous m'accusiez hier, et depuis la veille
» seulement j'étais à Paris. Je pars ce soir; j'espère re-
» venir sous peu; mais qui me dit que l'occasion de ga-
» gner de ce maudit argent se présentant, je ne me
» verrai pas forcée de rester quelques jours de plus? Alors
» vous direz encore que je vous abandonne. O mais, cette
» fois, vilaine injuste, je vous écrirai, et vous serez
» bien obligée de dire que je pense toujours à vous !

» Je n'oublierai pas non plus de faire ce que vous
» m'avez recommandé en vous quittant, et dans chaque

CHAPITRE XVI.

» ville où je vais aller, je porterai devant Dieu et dans
» son église une fervente prière pour vous!... Mais, chère
» Louise, pourquoi, comme je vous l'ai dit une fois déjà,
» ne pas vous mettre en état de mériter cette indulgence
» dont, pauvres créatures que nous sommes, nous avons
» tant besoin ! Je vous jure, Louise, que votre corps et
» votre esprit trouveraient un grand soulagement dans
» cette sainte action ! Dans un jour bien triste pour moi
» (il y a de cela treize mois), à genoux toutes deux dans
» l'église des Petits-Pères, vous vous êtes écriée ! « *Mon*
» *Dieu! pardonnez-moi!...* » Eh bien, Louise, aujourd'hui
» encore, jetez-vous dans ses bras, il sauvera peut-être
» votre corps, et bien assurément votre âme. Vous êtes
» jeune, vous ne devez pas mourir, vous ne mourrez pas,
» Louise. Mais puisque *vous croyez*, puisque vous portez
» sur votre poitrine de saintes médailles dans lesquelles
» vous avez foi, ne soyez pas chrétienne à moitié ! Et
» lorsque, revenue à la santé, vous tendrez la main à
» tous ceux qui vous aiment, la mienne, ma bonne
» Louise, ne sera pas celle que vous trouverez avec le
» moins de plaisir; car, voyez-vous, mon amie, la con-
» science est aussi nécessaire pour vivre que pour mou-
» rir, et si une fausse honte ne m'avait retenue, il y a
» longtemps déjà que tout le poids de la mienne serait
» dans les mains d'un homme de Dieu ! — Que du
» moins la prière que je vous adresse arrive à votre
» cœur et persuade votre esprit. Le ciel et vos vrais amis
» m'en tiendront compte.

» Paris, ce 4 juillet.

» Déjazet. »

Je suis sûr que celui qui lira cette lettre ne calomniera pas Déjazet.

Quant à la poésie de son cœur, on doit être curieux d'en connaître une page? Eh bien, voici des vers qu'elle fit pour celui qu'elle aimait.

» Ami! depuis un an, combien de jours de fêtes
    » Ont fleuri sous tes pas ?
» Dans le sentier de l'art, le bruit de tes conquêtes,
» Et dans celui du cœur, que de palmes discrètes
    » T'ont salué tout bas !

» Moi, qui n'ai pour orgueil, pour trésor et pour joie,
    » Rien que ton seul amour ;
» Ne vivant que pour l'heure où Dieu vers moi t'envoie,
» A craindre, à t'espérer, mon pauvre cœur se broie
    » Tout un an, pour un jour !

» Ah ! c'est qu'il peut tenir bien des siècles de vie,
    » Dans un jour de bonheur !...
» Celui que je te dois, aux anges fait envie;
» Ils ont des ailes d'or, et les cieux pour patrie,
    » Mais ils n'ont pas ton cœur.

» Voilà pourquoi souvent, oui, trop souvent je doute,
    » Pardon, pardon, j'ai tort
» De jeter un nuage en ta joyeuse route.
    » A toi la coupe pleine, à moi rien qu'une goutte,
    » Et je suis riche encor.

« D'autres, plus que la mort, redoutent la vieillesse.
» Quand je suis loin de toi,
» Je ne veux que vieillir pour que ce jour (1) renaisse,
» Car mon constant amour, nos amis, ta tendresse,
» C'est ma jeunesse à moi.

Est-ce là, dites-moi, le langage d'une femme dépravée? Est-ce là le style d'une femme sans frein, sans foi, sans religion?..... Ah! que ne puis-je être entendu de tous ceux qui, plus tard, prendront plaisir à écrire son histoire galante! Je leur dirais: Respectez les faiblesses d'une femme qui a racheté chacune de ses fautes par de nombreuses et nobles actions, par une charité constante, par une bienfaisance de chaque jour, de chaque heure; dont la devise est: — *Bien faire et laisser dire.*

—Je ne vous demande point de taire ce qui est vrai, son cœur a toujours guidé toutes les actions de sa vie, donc elle peut tout avouer, même ses erreurs. Je vous demande seulement de ne dire *que ce qu'elle a réellement fait, tout ce qu'elle a fait*, et j'ose l'affirmer, beaucoup de femmes, réputées honnêtes, voudraient

(1) Le jour de sa fête.

avoir une conscience aussi peu chargée que la sienne. Heureuses, cent fois heureuses, celles qui peuvent se dire comme Déjazet, je ne fus faible que parce que j'étais libre, indépendante, abandonnée, seule, sans conseils, sans guide, et que j'aimais!....

FIN.

TABLE.

CHAPITRE PREMIER.

Le théâtre des Capucines. — Prédiction de M. Hurpy. — Le corps de garde dans le théâtre.   1

CHAPITRE II.

Virginie au Théâtre des Jeunes Artistes. — Sa première création. — L'amour se brûle.   17

CHAPITRE III.

Émancipation. — Voyage à Orléans. — Rupture avec le Vaudeville. — Débuts aux Variétés.   33

CHAPITRE IV.

Départ pour Lyon. — Le perroquet de Virginie.   49

CHAPITRE V.

Les gentillesses de M. Perrin. — Ses façons d'aimer et de se faire aimer.   61

CHAPITRE VI.

Neuf mois à Bordeaux. — Virginie prend au théâtre son nom de Déjazet.—Vingt-quatre heures de cave pour un élan d'enthousiasme.   83

CHAPITRE VII.

Élisa Jacops. — Retour à Paris. — Débuts au Gymnase. — Service rendu, impertinence reçue. 105

CHAPITRE VIII.

Sept années au théâtre du Gymnase (1821-1827). — Voyage à Dieppe. — Rupture. 125

CHAPITRE IX.

Déjazet va du Gymnase aux Nouveautés, et des Nouveantés au théâtre du Palais-Royal. — Aventure de la petite flûte de l'orchestre. — Amour. — Suicide. 145

CHAPITRE X.

Déjazet quitte le théâtre du Palais-Royal. — Lettre à Béranger. — La réponse. — Une visite au poëte. 181

CHAPITRE XI.

Nouvelles pérégrinations en province. — Rentrée aux Variétés. — Une médaille de Notre-Dame de Fourvières. 197

CHAPITRE XII.

La première page du bréviaire de Déjazet. — Ses couplets aux auteurs de *Madame Favart*. — Une ovation improvisée. — Les requêtes. 217

CHAPITRE XIII.

Le conducteur de diligence. — Le relais. — Le curé de campagne. 239

TABLE.

CHAPITRE XIV.

Le pari du major. — *La Lisette* sur la plage. — Pour les pauvres, s'il vous plaît! — Le sacrilége.   281

CHAPITRE XV.

Les bouquets poétiques. — Le traité du 30 mars 1851. — Une fête au Chalet près le château des Aygalades.   305

CHAPITRE XVI.

Une visite au puisatier d'Écully. — Cent jours à la Gaîté. Lettre de Déjazet à Louise Leroux. — Poésie du cœur.   333

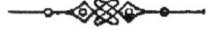

Paris. — Typ. MORRIS et Comp., rue Amelot, 64.

Mon cher Pierron

Je ne suis femme qu'au théâtre
ce n'est pas assez pour venir
réclamer ma place à votre banquet.
Mais le cœur n'a pas de sexe
Je viens donc vous prier d'accepter
du moins mon toast à défaut de
ma personne.

Croyez que je regrette bien
sincèrement de ne pouvoir
joindre aux toasts destinés
à Molière ! celui que
j'eusse été si heureuse de
porter à Molière de vous !

Déjazet

15 janvier 1854.

www.ingramcontent.com/pod-product-compliance
Lightning Source LLC
Chambersburg PA
CBHW050154230526
45470CB00001B/88